“新築”利回り10％時代突入！

350棟のアパートづくりを
おこなった大家の革命

新版

新築アパート投資の原点

兼業大家

白岩 貢

広々とした吹き抜けが特徴で、
洗練されたデザインと居住性も人気

吹き抜け型アパート

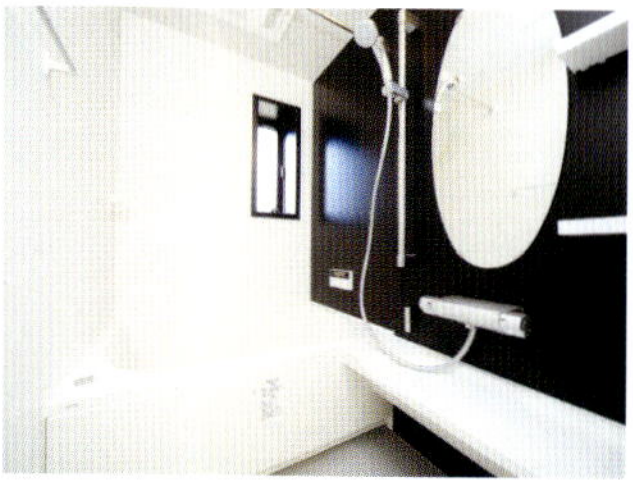

和と洋を取り入れて、外国人旅行客に
好まれる旅館アパートを実現

旅館アパート

憧れのブランド立地での暮らしと
アパート経営を叶える賃貸併用住宅

賃貸併用住宅

デザイン性だけでなく、女性目線の
快適さにこだわったシェアハウス

シェアハウス

はじめに

◆時代のニーズに合わせて進化を遂げる！

私は父から相続したアパートと自分で企画した物件も含めて、世田谷・目黒を中心にアパート６棟61室と貸家４軒を所有する大家です。

その傍ら、不動産投資をはじめたい、物件を持ちたい・・・そんな大家さんと大家さん志望の方を対象とした勉強会を主宰し、アパートづくりのサポートをかれこれ10年以上行ってきました。

私が初めて自分自身の物件として、吹き抜け型アパートを企画したのが平成16年のことです。

以来、３５０棟あまりの新築アパートづくりのサポートをしてきましたが、プランは一つだけでなく、その時代に求められる賃貸物件を、入居者目線で考えて形にしてきました。

本書は、平成25年に出版された「新築アパート投資の原点」を改訂しています。当時は、吹き抜け型アパートとシェアハウスが中心でしたが、平成27年からインバウンド需要に合わせて旅館アパート（簡易宿所）も企画するようになりました。

こちらは都心にも関わらず、表面利回り10％を叩き出しています。

こうして今では吹き抜け型アパートのみならず、賃貸併用住宅、旅館アパートと多種多様なアパートづくりを行っています。

かつてサラリーマンにとって新築アパートは、かなりハードルの高いものでしたが、不動産投資が一般にも普及した今、新築アパート投資は人気があるようです。

そして、まったくの初心者が夢を持って新築アパートに取り組む一方で、これまでの不動産投資の失敗から、新築アパートへ方向転換される方もいらっしゃいます。

たくさんの大家さん、または大家さん志願の方から相談を受ける私ですが、リカバリーの難しい悲痛な話も聞きます。「空室の多さ・家賃の安さ・修繕費の高さ」の三重苦に悩む地方の地主大家さんに「フリーレント」「何ヶ月もの広告費」などが収益を圧迫します。空室でも損、入居しても損という八方ふさがりです。

東京のサラリーマン投資家が地方で大規模な中古ＲＣマンションを購入する例も増

えています。業者のいいなりになって高金利・低利回りの物件を購入してしまった結果、不意の修繕や長引く空室。アパートローンの返済がありますから、破綻する確率は地主大家さんに比べて何倍もあります。

大手ハウスメーカーで建てたアパートを両親から引き継いだ二代目大家さんは、かかりすぎる修繕費にキャッシュフローは悪化の一途。さらにようやくアパートローンが終わりそうだったのに、新たに数千万円のリフォームローンを背負ってしまいました。

不動産投資というのはちょっと間違えると本当に苦労します。一般的には不労所得と思われていますが、これでは苦労所得です。

常に時代は変化しています。その変化に柔軟に対応しながらも、その芯の部分はしっかりブレないままでいる。矛盾しているようですが、一本筋を通しながらも、しなやかに時代と共に進化できる投資でなくてはいけないと感じています。

■新築アパート投資の原点に還る

これから大家さんになろうと思っている方も、現在苦労されている大家さんも、目指してもらいたいのは、「人生の最晩年に笑えること」です。

私の場合、立地と建物にこだわるのが特徴ですが、その前提としてアパートは「人が寝起きする家」であり、その入居者にも笑って過ごしてもらいたいと考えています。入居者に喜ばれるのはもちろん、近隣にも受け入れられ、大家さんも嬉しい。工事に携わる工務店や職人さんたちも嬉しい。このような形になれば、私にとってもこんな嬉しいことはありません。

誰か一人が勝つのではなく、関わるすべての人にWinWinになってもらいたい。それが私の願いであり、モットーです。

利回りも大事ですが「儲け」を重視しすぎると、そのあたりの一番大切な部分が抜け落ちてしまい、長い目で見た時のリスクが膨らむように思えます。

本書では、これから進むべく不動産投資、特に新築アパートのあるべき道を私の考えと経験に基づいてお伝えします。

不動産投資といっても、その手法は様々です。どれが正しくて、どれが間違っているということではないと思います。私以外の手法を否定する気持ちもありません。ただし、自分のこれまでの経験から、私は「負けないアパートをつくることができる」という自信と実績を持っています。

新築アパートをつくり続けて15年経った白岩貢のすべてのノウハウを出せる限りだして、可能な限り明らかにしているつもりです。皆さんの不動産投資、アパート投資の参考にしていただければ幸いです。

白岩 貢

目次

新章

2年で大きく変わった！「知らないと地獄を見る」新築アパート投資最前線
～アパート施工350棟に関わった大家も戦慄する戦国時代～

第1章
アパートづくりの原点とは？

第2章
株で破産・・・タクシー運転手・・・地獄からの生還
〜"白岩流"が誕生するまで〜

第4章 実例からリアルに考える〝あなたのアパート投資〟

第5章 ノウハウ公開! 白岩流アパートすべて見せます

新章

2年で大きく変わった！
「知らないと地獄を見る」
新築アパート投資最前線

～アパート施工３５０棟に関わった
大家も戦慄する戦国時代～

◆人口減少で日本から人が消える・・・

最近、『未来の年表　人口減少日本でこれから起きること』（講談社現代新書）という書籍を読みました。

読んでいて私が戦慄を覚えたのが、「2019年に日本の世帯数はピークを迎える」という予測が示されていたことです。

具体的には、2019年が世帯数5307万世帯でピークとなり、その後は急激に減っていくであろうと予想されています。

それまでは「単身者が増えるから日本の世帯数はまだ増加する」というロジックや市場予測に基づいて、多くの賃貸物件が供給されていましたが、ついにその根拠が崩れ去り、世帯数も減る一方に転じるということです。

新しいアパートは絶え間なく建てられ、それらの入居率はかろうじて維持されていたものの（それでも私からすると入っているとは言い難い）、近い将来には必ずピークを迎え、今後は減少の一途をたどる未来が待っているのです。

興味深いのは賃貸物件の主要ターゲットとなる大学生に関してのデータです。

大学進学者数の母数となる18歳人口は、１９９２年に２０５万人でしたが、２０１６年は１１９万人です。そして昨年、出生数が初めて１００万人を下回り、ニュースとなりました。

つまり、18年後というのは、進学率が仮に50パーセントとして、大学生は50万人以下となります。

そうなった時に、学生向けアパートの入居状況がどうなってしまうのでしょうか。

空室だらけのアパートばかりになることが容易に想像できます。

そもそも、大学そのものの経営が立ち行かず、廃校や統合など淘汰の時代を迎えているでしょう。

私たちはこのような状況を迎えるにおいて、賃貸経営にどう取り組むべきでしょうか。

現在、多くの大家さんが期間35年のローンを組んで、せっせと返済しているかと思いますが、もう少し将来を予想して真剣に考えてみるべきではないかと個人的に思います。将来予測を鑑みると、今も物件を買っている人や地方に新築を建てている人達が信じられません。

おそらく2030年ともなれば百貨店、銀行、さらには老人ホームなど様々なものが地方から消える時代を迎えます。

これは決して遠い未来の話ではありません。

十数年先の話です。

この本を読んでいる皆さんが、まだ物件のローンを完済していない近い未来の姿なのです。

新築物件の供給過剰だけでなく、空き家の増加も追い打ちをかけることになります。

◆都心にも街消滅の危機がある!?

「豊島区が消滅する可能性がある」というセンセーショナルな話題を耳にしたことがある方もいるでしょう。

最近では、池袋が「住みたい街」にランクインするなど、人気のある豊島区ですが、これをちょうど1年前の平成28年9月に取材・放映したNHKのドキュメント番組が『縮小ニッポンの衝撃』（講談社現代新書）と題して書籍化されています。首都東京、しかも23区にある豊島区ですら消滅可能性都市だと指摘されているのです。

私も半信半疑でしたので調べてみたところ、平成29年1月に東京都が発表した平成27年都人口動態統計年報によれば、東京都で1人の女性が生涯に産む子供の数を示す合計特殊出生率は1・24と前年より増加。また、出生数も11万3194人で、前年から2565人（2・3％）増えていました。

しかし、この合計特殊出生率を区市町村別にみると、23区では港区（1・44）が最高で、中央区（1・43）、江戸川区（1・42）、江東区（1・42）が続き、最低は豊島区（1・00）でした。

現在、豊島区は「子育ての街」として力を入れているようですが、そういった取り組みが身を結ぶのと、高齢者が亡くなっていくスピード、どちらが早いのかといえば一目瞭然でしょう。

同書によれば、豊島区は長らく、出生数より死亡数が多かったといいます。

たしかに普通に考えれば人口は自然減少していくはずですが、これまでの豊島区はその減少数を補うほどの転入者が区の人口増加を支えてきたという背景があったのです。

豊島区が実態を調査したところによれば、もっとも多かったのは「20代の単身者」で、その給与収入ベースは240万円だったそうです。これには私も衝撃を受けました。

この経済状況ではおそらく結婚するのも難しく、今の若者の多くが、将来は生活保護のお世話になる可能性があります。すなわちこの状況を非常に危惧しているのが豊島区というわけです。

結婚ができない単身者の増加は、税収が見込めないどころか、将来の財政負担となる可能性があるため頭の痛い問題です。

このように地方だけに限らず、東京も同様に人口減がもたらす状況は深刻なものとなります。

野村総研の推計によれば、２０３３年には空き家が２１６７万戸になり、３戸に１戸は人が住まない家となる予測です。

ここ最近の不動産投資ブームに踊らされてアパートを買った人たちは、果たして大丈夫なのでしょうか。

◆求められるのは、原点に立ち返ること

どうも暗い話題が続きましたが、このような近い将来に訪れる状況に対応のできる、戦えるアパートをつくるにはどうすればいいのか。

それは「原点に返る」ことが重要だというのが私の主張です。

そのキーワードは「立地」と「応用」です。具体的にいうと、人口が減りにくい、魅力的な立地であること。

つまり、私が10年以上前から提唱している「ブランド立地」にこだわるべきだと思うのです。

そして「応用」として、人口の減る一方の日本人だけでなくて、外国人や旅行者といった需要を取り入れます。

読者の皆さんも「インバウンド」という言葉を聞いたことがあるかと思います。

そもそもインバウンドは「INBOUND」と綴る英単語で、その意味は「入ってくる、到着する」です。

つまり日本に入ってくる外国人旅行客を指しています。ここ数年で外国人旅行客が増えて、インバウンドという単語の認知度が飛躍的にあがったのは周知の事実でしょう。

元ゴールドマンサックスのアナリストで、現在は国宝・重要文化財の補修を手掛ける小西工藝社代表取締役社長のデービット・アトキンソン氏の著書「新・観光立国論」（東洋経済）によれば、「日本がもつ自然、文化、気候、食事など幅広い観光資源をふまえれば、現時点の日本の潜在能力でも5600万人は集客可能」といいます。

さらには「今後も世界の市場拡大を反映して、2030年には8200万人まで増加していく」と、大胆な予測がされています。

政府もまた目標値を大きく上方修正して、2020年の訪日外国人旅行者数4000万人。訪日旅行者消費額8兆円、地方部での外国人延べ宿泊者数7000万人を目指しています。

これらの状況から東京オリンピックでの需要だけでなく、インバウンドを主とした観光産業に力をいれていることがわかります。

そこで、インバウンド需要を取り入れた旅館アパートを新築します。旅館アパートについては第1章をご覧ください。

◆田舎で就職できず、やむなく上京する現実

一方、日本人入居者に目を向けますと、今は地方からの上京者が、第三次のピークを迎えているそうです。

これは単身向けの賃貸物件の中でも人気があるシェアハウスのマーケットが影響を受けます。

過去の高度成長の時代が第一次のピークでした。当時は「仕事が山のようにあるから出稼ぎに行こう！」という、ポジティブな理由で上京してくる人が多かったのです。続いて、第二次ブームのバブル期も同様で、「東京でガッツリ稼いで豊かな生活をしたい！」といった具合です。

しかし、今の第三次ブームになると「田舎にいたら食えないから仕方なく・・・」という、ネガティブな理由で上京して来る人達が多いのです。

過去2回のブームとはまったくパターンが違います。前向きな理由ではなく、不安定な経済環境ゆえに東京へやって来るのです。こうした状況をつくり出しているのが先ほどの豊島区の例なのです。

自分の地元で仕事に就けず、仕方なく東京にやって来る若者は、本当にお金がありません。

一方で深刻な人出不足がいわれている業界もあります。24時間営業の飲食チェーンや宅配業者、とくに夜勤のガードマンは人がなかなか集まりません。

このような状況の中、1社だけ人材確保に成功している警備会社がありました。

なぜその会社では人材を確保できているのか？　それは、従業員に住居と食事を用意しているからです。

人手不足が続く業界にあって、この会社だけ応募が殺到しているそうです。これが若者を取り巻く、お金と仕事の実態です。裏を返せば、田舎から出てきてお金のない人に、住むところを提供できると強い。これが現実です。

話は逸れましたが、このような時代に合わせた賃貸経営をしていく必要があるということです。そのためには新築アパートの原点に立ち返るべきなのです。

◆いたずらな規模拡大に意味はあるのか

よく10億円以上の投資規模や資産を目指されている方もいますが、それは本当に必要なのでしょうか。本当に価値のある物件を1棟でも、2棟でも持てたら、それで十分なのではないでしょうか。

世の中を見わたすと、相も変わらず新築ラッシュが続いています。

しかし、それは供給側の都合によってお膳立てされたブームです。さらに言及すると、国の政策で金利が安くなり、金融機関が貸出先に困っていたからです。

そんな状況で銀行が目をつけたのが、サラリーマン大家さんだったのです。

サラリーマン大家さんのなかには、「地主がカモにされている」という認識を持っている方もいるようですが、私に言わせれば、サラリーマン大家も地主もどちらもカモです。

原点に立ち返るアパートづくりで、何度も繰り返しますが、一番にこだわるべき点は「立地」です。

東京23区のブランド立地に入居者目線の新築アパートを建てる・・・そんなシンプルなやり方をずっと続けています。

本書の初版は今から4年前に発売されました。

前著の出版当時を振り返ると、現在のような不動産投資ブーム以前ということもあり、サラリーマンが新築アパートを持つことに対しては結構なハードルがありました。

しかし、今はどうかというと、年収８００万円もあれば金融機関が普通にお金を貸してくれます。

そして、供給する側も利回り7パーセントの物件を量産しています。なぜ7パーセントなのかというと、銀行の融資基準に合致させるためです。基準を満たせば銀行がどんどん融資をしてくれるからです。

規定の利回りを達成するためにデベロッパーが何をしているのか。それは、ただ家賃を高めに設定しているだけです。

いかに新築とはいえ、どう見ても強気の家賃設定であるのは、地域の家賃相場を少しでも調べたら簡単に分かることです。

私の本では、繰り返し「立地」の大切さについて書いてきましたが、こういった新築利回り7パーセントのアパートが、どのような場所に建っているのかといえば、大抵が競争力のない首都圏郊外です。

すでに新築でも入居がなかなかつかない・・・という話も聞きます。もはや首都圏ですら飽和状態なのです。

こうして誰も住まないアパートが量産されています。それも地方ではなく、首都圏ですらこの状況なのです。

2030年ともなれば団塊世代の高齢化により、郊外のゴーストタウン化は確実に広がっていると想像します。

◆失敗するサラリーマン大家さん

私のところへ相談にいらっしゃるサラリーマン大家さんが増えています。2億円、3億円といった金額を借りてしまった人も多いです。それだけ簡単に大金を借りられてしまう状況なのです。みんな金銭感覚が麻痺してしまい、投資におけるハイレバレッジが当たり前になっています。

年収こそ高いけれど、まったく貯金のない人が安易に不動産投資へ手を出すケースも悲惨といえます。たしかに自己資金0で物件を買えたのかもしれませんが、その後に有事があると耐え切れないのです。

賃貸経営など、設備が壊れたり、退去でリフォームやクリーニングの発生で、急な出費や空室損が出るのは日常茶飯事です。それに一度でも退去をされたら、家賃を下げて募集することも当たり前です。

要は、常にキャッシュアウトが伴う事業だということです。

部屋をきれいにして、常に入居できる状況にしておく必要があります。そのためにはコストがかかります。何かが壊れたら直ちに修繕が求められます。

・金利が2パーセント上がる
・家賃が2割下がる
・空室率が2割になる

フルレバレッジのサラリーマン大家さんは何らかのトラブルが起きたとき、その多くが状況に対応できません。

もしも3つのうち、どれか2つが当てはまれば、それはもう自己破産へと突き進むでしょう。

実際にそのような危ない方法で投資をしている、サラリーマン大家さんが持っている物件といえば、規模の大きな物件ばかりだったりするものです。

それに反し、私は「いい立地に小さいアパートを持てばいい」という考え方です。ですから想定外の修繕費用もかかりません。物件の規模が知れているからです。

基本的には良い立地で、手に負える範囲の規模感覚を所有することです。具体的には2世帯から4世帯、大きくても6世帯くらいが最適でしょう。

そもそも月にして100万円も収益があれば十分ではないですか。

それなのに資産の本質を理解していないのか、明らかに資産と借金を勘違いしている人が多くなりました。

資産10億円と言っておきながら、その背後には9億9０００万円の借金を抱えている投資家が、出版やコンサルティングで世に出ているのが最近の状況です。

そして彼らの特徴は「儲かった！」とはしゃいでも、負債額については一切触れようとしない点で共通しています。

こうして負債と資産の区別もつかない人が、著名大家さんのやり方に憧れて、不動産投資をはじめた結果、負債が3億円あるにも関わらず、月に50万円のキャッシュフローだったりします。信じられないかもしれませんが、本当にこのような投資家が量産されているのです。

このような手法の先頭を走って、世間から「成功している！」と羨ましがられる投資家さえも、自身の借金が莫大であることに対するリスクには敏感です。自己資本率の改善、つまり借金を減らさなければ夜も安心して眠れないそうです。

結局のところ、立ち止まらずに走り続けることを選ぶのですが、私はその感覚がどうしても理解できません。

◆リタイヤ後におすすめの旅館アパート

さて、本書の初版『新築アパートづくりの原点』で紹介した物件（吹き抜け型アパート）が、その後どのように進化しているのか、興味がある方もいると思います。

じつはほとんど変わっていません。もちろん、設備と素材は時代に合わせて新しくなっています。建材も、一昔に比べたらどんどん進化しているので良いものを採用しています。

これはフローリング材に加えて、壁紙も進化していますし、設備も目を見張るほどに使い勝手が良くなりました。ですから以前の本よりも、物件はグレードアップしています。

しかし、根本の考え方や基本的な仕様についてはほぼ変化はなく、それだけ完成度が高く、数年で陳腐化するようなアパートではないということです。

賃貸併用住宅における最近のトレンドとしては、簡易宿舎型の賃貸併用住宅というものに注目しています。簡単にいえば、賃貸併用の旅館アパートです（旅館アパート

について の解説は、次章にあります)。

2世帯の戸建てを建てて、一方を自宅にして残りを旅館アパートとして運用します。

これを特におすすめしたいのが50代、60代の人たちです。

まさに私の姉がそうなのですが、今の自宅を建て直す際に、寄宿舎型の賃貸併用住宅にして、1階部分を外国人旅行者向けに貸しています。

片言ですが、拙い英語を使って楽しみながら、客人として外国人を「おもてなし」して、年金がわりのお小遣いを稼いでいるのです。

それに加えて、やる気や生きがいまで得られるのですから、これほど有意義な老後はないでしょう。

欧米では、老後に自宅を新築してゲストハウスを併設するのがブームになっています。

なにも特別な人だけに限ったことではなく、皆さん誰でも普通にやっています。仕事を退職したら、「好きなときだけお客を自宅に泊める」という感覚なのです。

オープンするのもクローズするのも、自分の都合で自由です。そうして得られた宿泊料で建築費用であったり、老後にゆったり暮らすための資金を得ているのです。

このように旅館アパートの賃貸併用が今、一番ホットです。場所にもよりますが、都内で自宅の半分を自主管理で運用すれば、月に50万円くらいの売上げ、利回りは10％以上出せると思います。

会社を退職して後に月に50万円も稼ぐことができたなら、まるで当てにならない年金よりも、はるかにいいと思います。夫婦で物件を管理していけば、自然と会話も増えて熟年離婚も防げるのではないでしょうか。

私の姉と同世代の方たちには、このようなセカンドライフの可能性を広く知ってほしいと思いました。

旅行者との言葉の壁で気になる人もいると思いますが、昨今はGoogle翻訳がありますので、スマホやタブレットがあれば問題ありません。

現に64歳になる私の姉は、まったく英語の素養がない人間ですが、それでも積極的にコミュニケーションを楽しんでいます。

最近では、その様子を間近で接していて羨ましく感じたのか、私の姪、つまり姉の娘が会社を辞めて運営に専念するようになったくらいです。家族ぐるみでホストとして頑張っています。

私の姉家族のように家業として取り組むのであれば、一切外注に出さないのがポイントです。姉が言うには「掃除なら私がする方がいい」とのこと。

自分でやること、お世話することが老後の楽しみになっているのです。そして自主管理ができるのも小規模だからこそです。

◆今から投資をはじめるなら

私は「資産性の高いブランド立地に、競争力の高い物件を持てば走り続ける必要がない」と考えます。

私の前作の本を読まれて、渋谷やその周辺の物件を買った人たちは、今どうなっているのでしょうか。

当時、『新築アパートの原点』を読んで物件を購入した人たちは、今や大成功を納めています。

皆さんの誰もが資産価値が5割増しになっています。

今、売却をすれば残債を返したうえで、プラスのお金が残る状態なのです。

これは結果論になるのかもしれませんが、あのときに物件を買っていた人たちは本当によかったと心から思います。

それでは今から投資をはじめる方は、いったいどうすればいいのでしょうか。

その場合も、やはりこだわるべきは「立地」です。土地の大きさではなく、必ず立地にこだわってください。田舎で200坪の土地を買うくらいなら、渋谷で20坪の土地を選ぶ・・・それが私のやり方です。

詳しいノウハウは第1章から具体的に解説しています。


誤解しないでいただきたいのですが、そこに住む人ではなく、所有する資産として考えた場合、田舎にある200坪の物件など、債券に例えるならクズ債券のようなものです。ほとんどがジャンク債です。ですから市場での利回りが高いだけなのです。

そもそもこの先、人が居なくなるのがわかっている場所で、どうやって35年ものローンを返していくのでしょうか？

私のところへ相談に来られて、その現実に気がついた人はすぐに物件を売り払っています。

年齢でいうと40歳前後の人たちです。彼らに「あなたが60歳や70歳になって、最もお金のかかるときを想像してみてください」と質問をするのです。

次に「今の手持ちの物件で60歳や70歳になるまで、ずっと何十年と生き残っていけますか？」と聞くと、誰もが一様に「え？」という表情になります。

単純に自分の未来をリアルに想像すればいいのです。

60歳や70歳になったあなたが不動産投資を続けている意味は、不労所得を得るためではないでしょうか。将来への心配を減らして、老後を安定させるためのはずです。

それでは本当にあなたの描く老後を、今の所有物件たちから想像できますか？

気力も体力もピークを過ぎて衰えた状態で、老朽化した物件の管理や客付けを、これまでどおり続けられるのか。今でさえ厳しい状況なのに、この先の日本で少子高齢化が進む仲、自分の20年後、25年後は本当に大丈夫ですか？

あなたが本書で自分の失敗に気がついたのなら、リカバリーするラストチャンスです。

融資が出ているうちに売れないと終わりです。とはいえ、今の時点で閉じはじめているのですから時間は限られているでしょう。文字どおり、壮絶なババ抜きが始まっているのです。

第1章

アパートづくりの原点とは？

◆震災を経て求められる、安心で快適な住まい

最近の不動産投資といえば、ＲＣマンション（鉄骨コンクリート造）が取り上げられることが多いですが、やはり個人で所有する不動産投資物件は木造軸組み工法が合うと思っています。

木造軸組工法は在来工法とも呼ばれ、伝統的な住宅の建て方になります。しっかりと修業を積んだ大工さんの腕が必要です。

ハウスメーカーのプレハブ工法も一般的ではありますが、いまだに一戸建て住宅の半分以上は、木造軸組工法で行われているそうです。

土台、柱などの骨組みのほとんどは木を使い、どのようなプランや設計にも対応可能な工法で、工事中の設計変更や増改築工事にも、ほかの工法と比較して簡単に対応ができるのがメリットです。

ところで、東日本大震災のとき、意外にも木造軸組住宅が強かったということをご存知でしょうか。木造というとなんとなく「地震に弱い」というイメージがあります

が、決して弱くはないのです。ただし、残念ながら津波には弱いのも事実です。

しかし、木材は鉄やコンクリートに比べても劣らない強度を持ちます。自然のものなので、その木材によって1本1本の性質に多少の差はありますがとても強いものです。

5章で詳しく説明しますが、現在使用している、ひのきの柱は木材のなかでも特に優れています。比重が軽くてやわらかめの樹種ですが、曲げ弾性・強度・引張強度など杉に比べ丈夫な木材です。

例えば同じ強さの家を違う材料で建てた場合、ほかの材料に比べて、もっとも重さの軽い家が木造住宅です。重さがないということは、耐震性があるということです。

地震の振動エネルギーは建物の重力に比例するため、重い建物ほど大きく揺れます。木材は鉄やコンクリートに比べて軽いので、同じ大きさの建物では木造の揺れが一番少ないのです。

建築基準法に順じてきちんと設計し、しっかりと施工をした木造住宅で、定期的にメンテナンスをしていれば、地震をそれほど恐れることはありません。

一方、建築基準法の耐震基準が変わった1981年以前の住宅は、木造、RC造（鉄筋コンクリート造）問わず、一度耐震性を調べることをおすすめします。まずは耐震診断を行い、場合によっては耐震改修をしてください。

次は火事についてです。地震と同様に「木は燃えやすいのではないか」と考えられていますが、太くて厚い木はそう簡単には燃えないものです。

木は表面から徐々に燃えていきます。炭などがあるように、余程長時間かけないと完全に燃え尽きてしまうことはありません

木が燃えて表面が黒く焦げた部分を「炭化層」といいますが、炭化層は熱を伝えにくく、酸素を運びにくくする性質を持っています。

また、木には温度が上がっても簡単に軟化しないという性質もあります。逆に鉄やアルミニウムなどでは熱によってすぐ軟化するため、建物の強度はあっと言う間に低下してしまうのです。

つまり火災に遭っても、木材の内部はまったく無傷のまま長時間残り、強度が落ちるということがないのです。

一般の方はご存じないことが多いのですが、木製の防火扉もあります。鉄製では高温ですぐに曲がってしまい、熱のため触ることも開けることも不可能ですが、木製の防火戸なら燃えにくく、軟化しないため（原型をとどめているため）、いざとなれば蹴破って脱出することもできます。

安心安全な家というのは、最新工法を取り入れることだけではありません。日本の

風土に合った工法で、しっかりとつくりあげることです。

◆原点にあるのは、やはり「建物」

賃貸物件は収益をあげることが目標であっても、大前提としては、「人が住まう家」です。

大家としては責任をもって、安全で快適に住んでもらう家を提供しなくてはいけません。

最近はそんな基本的なことを忘れてしまっている大家さんが多いような気がします。

どうして、住まう人にもっと関心を持たないのか？

お客様である入居者さんが尊い給料や稼ぎの中から、家賃というお代をいただいて住んでもらうのに、建物にこだわらないのは、入居者をバカにしているのかと思います。

いくら不動産投資とはいえ、扱っているものは株や外貨ではなく、「人が住まう家」なのですから。

中古アパート、建売アパートの場合は躯体を確認するのは難しいですが、土地から新築を行うのであれば、まさに0からアパートづくりです。

だからこそ「見えないところ」からしっかりつくりたいと思います。それが私のポリシーです。

私の建物づくりは手間がかかっています。

アパート建築のプロフェッショナルを集めてチームをつくります。サッカーに例えると、そのゲームに対して、どのようなチームプレーをするのか作戦を練ります。いかに「得点（収益）をとるか」というのは、大家さんというより不動産投資家の宿命です。

前提としてはピッチ（芝）がいい（＝立地がいい）ということ。さらに良いいピッチの上で最高のプレーをするためにはどうすればいいのでしょうか。

まずは中盤に設計士がいてゲームプランを組み立てます。そして、ディフェンスに第三者検査機関（第5章コラム参照）がいて、がっちりと守備をしてくれます。最後のゴール・・・建物の仕上がりの部分をフォアードである女性デザイナーへ引き継ぐのです。

まず設計士さんは柔軟な人が理想です。バルサのサッカーではないですが、献身的に動いてパスコースなどの気配を感じてくれる設計士です。「俺が俺が！」と前に出すぎる人は、収益物件という側面、住み心地の良い家という側面からいっても向きません。

実際にアパートをつくり上げる工程、工務店をある程度カバーできるのは、第三者の検査機関です。任意検査になりますが、きちんとチェックを受けることにより、その建物は確かなものになります。まさにディフェンスです。

最後のゴールは入居募集に直結する部分です。建物の外観や部屋の内装になりますが、入居者の目に触れる部分を、腕によりをかけて仕上げていきます。ここは、オシャレでありながら、日常的な生活がわかる女性デザイナーが担当します。

チームの誰が欠けてもいけないし、誰かが前へ出すぎても勝つことはできません。抽象的な説明になってしまいましたが、5章ですべてを明らかにします。

◆大家目線ではなく入居者目線が基本

新築アパートの失敗というのは、得てして「自分のことしか考えない」ときに起こります。

テレビや新聞では「30年一括借上」「賃料10年保証」といったキャッチコピーのもと、土地所有者にアパート・マンション投資を呼びかけるＣＭが後を絶ちません。

古くから一括借り上げシステムを売り文句にして、事業を拡大してきたアパート・マンションメーカーは多くあります。

こういったメーカーは、どちらかというと、この本をお読みいただいているような勉強熱心な不動産投資家ではなく、賃貸経営の知識をあまり持たない地主さんをターゲットにしています。

「相続税対策になりますよ！」「アパート経営がわからなくても家賃保証しますから、ご安心ください！」など営業姿勢はとても熱心です。

念のために説明しますと、「一括借上」とは空室の有無にかかわらず、毎月一定の借り上げ賃料を、建築会社もしくは建築会社系列の家賃保証会社が大家さんに支払うシステムです。家賃保証、サブリースとも呼ばれます。

すべてをお任せして、家賃だけ入るというのは魅力的ですし、テレビや新聞で見かけるような大手メーカーですから、安心感もあります。

でも、ちょっと待ってください。そこに「入居者」はいません。

これこそ、「自分のことしか考えない」大家さんです。

もちろん、アパート・マンションメーカーは入居者ばかりか、大家さんの未来も考えていません。あるのは自社の収益であり、自分の営業ノルマを達成することだけです。


一括借上システムの落とし穴は、契約書にあります。

・契約期間→30年保証をうたいながらも2年ごとに賃料改定ができる
・契約賃料→高い賃料設定は新築から2年間のみ！
・更新→一括借上を行う会社から契約拒否が可能。契約解除も不動産会社側が有利
・免責期間→満室になるまでの家賃が支払われない
・原状回復費用→すべて大家が負担

このように実際には大家さんに不利益な内容が、たくさん含まれています。メーカーで新築アパートを建てた大家さんの中には、「こんなはずではなかった・・・」と後悔される方が多くいらっしゃいます。

◆どんな部屋が好まれるのか。入居者のニーズとは？

それでは、入居者のニーズとはどのようなものでしょうか。一体、どのような部屋が好まれるのか検証しましょう。

一人暮らしをしている人に調査をした結果、「これだけは外せない」という声が多かった条件が、「エアコン」「バス・トイレ別」「2階以上」「洗濯機置き場付き」の4つです。

不動産検索サイト「ホームズ」（http://www.homes.co.jp/）と「スーモ」（http://suumo.jp/）からの調べです。

これが一人暮らしをする入居者の土俵に乗る物件と考えてよいでしょう。

カップル向けの人気条件は「スーモジャーナル」の記事（http://suumo.jp/journal/2014/06/25/64614/）からご紹介します。

2014年のデータになりますが、間取り1位は1LDKで部屋の数よりは広いリビングが好まれます。こだわり条件1位は「バス・トイレ別」これからは1人ではなく2人。それぞれが独立しているほうが気兼ねなく使えて暮らしやすいということです。その他、カップル向けの需要は「コンロ2口以上」をはじめ「追い焚き風呂」「洗面所独立」「温水洗浄便座」といった水まわりへのこだわりも単身向けに比べて強いようです。

このように入居者の希望というものは時代と共に動きが見られます。

時代遅れの3点ユニット（バス・トイレ・洗面所が一体となったバスルーム）が倦厭されるのは言うまでもないでしょうが、バス・トイレが別だからといって、その物件が有利になるわけではありません。

古い畳からフローリングへのリフォームも同じです。古いアパートをフローリングにしたところで、家賃をアップすることは望めませんし、むしろ床がきれいになることによって、古ぼけた壁や天井が目立ってしまうこともあります。

また、新築のフローリングは当然過ぎて特記事項ですらありません。

ほかにも一昔であればウリになったようなモニター付きインターフォン、ウォシュレットなども標準装備となり、集客には結びつかなくなっています。

なかには家具家電すべてをそろえて差別化する大家さんもいるくらいです。いまや

▼SUUMOブライダル

順位	こだわり条件
1位	バス・トイレ別
2位	2階以上
3位	駐車場あり
4位	間取り図付き
5位	コンロ二口以上
6位	ペット相談
7位	南向き
8位	写真付き
9位	追い焚き風呂
10位	洗面所独立
11位	ガスコンロ対応
12位	温水洗浄便座
13位	オートロック
14位	システムキッチン
15位	エアコン付き
16位	スーパーまで1000m
17位	インターネット接続可
18位	ルーフバルコニー付
19位	室内洗濯機置場
20位	角部屋

▼SUUMO賃貸

順位	こだわり条件
1位	バス・トイレ別
2位	2階以上
3位	駐車場あり
4位	ペット相談
5位	間取り図付き
6位	デザイナーズ物件
7位	メゾネット
8位	南向き
9位	分譲賃貸
10位	コンロ二口以上
11位	物件動画付き
12位	リノベーション物件
13位	追い焚き風呂
14位	インターネット接続可
15位	エアコン付き
16位	室内洗濯機置場
17位	保証人不要・代行
18位	写真付き
19位	温水洗浄便座
20位	洗面所独立

こだわり条件ランキング
(2014年1月1日～3月31日におけるSUUMOブライダル、SUUMO賃貸でこだわり条件で選択された回数を集計した結果)
出典：スーモジャーナル　http://suumo.jp/journal/2014/06/25/64614/

大家さんによるサービス合戦が行われている状態なのです。

私が新築アパートを建てはじめた10年以上前、私は大量生産の住居に対するアンチテーゼとして、従来のアパートにはない「高い吹き抜けを持つ部屋」を企画しました。

その他に、「ビルドインガレージの家」「分譲住宅並みのゴージャス設備の部屋」などの、コンセプト賃貸も展開してきました。

しかし、こういったコンセプトアパート、デザイナーズ物件も、地方ではともかく、首都圏では珍しいものではなくなりました。

デザイナーズ物件は、一歩間違えれば、「オシャレだけど住みにくい部屋」になる恐れもあります。

また、建物の個性が強すぎて、入居希望者の間口を狭めてしまうことにもなりかねません。

◆ワンルームの次に若者たちが選ぶ住まい

こういった設備や条件を競う単身向けアパート・マンションに対して、背を向ける人たちもいます。

単身者といっても、一人暮らしの学生、会社員、女性、男性とそれぞれの価値観は変わりますが、私が最近、強く感じるのは彼らの「住まい方」に対する価値観、考え方が変化しているということです。

新しい住まい方のひとつが、シェアハウスです。

シェアハウスの台頭により、初期費用をかけることなく、トランクひとつで東京に住める時代がやってきました。

とくに東京では、このスタイルが短期間で急速に増えています。

ファミリー向けの戸建や、2LDKのマンションなどを借りて、友人同士で住むという「ルームシェア」については、これまでも日本にありました。

それに対し、シェアハウスといわれるシェア型住居は、事業者が管理し、個々の部屋が別々の人に賃貸物件として貸し出されます。

まったくの他人同士がひとつ屋根の下に住むという新しいスタイルです。2008年頃から普及しはじめ、今では上京したての若者から30代まで幅広く親しまれています。

私自身は、シェアハウスは昭和30〜40年代の「下宿」形式に、日本人の住み方が戻ってきているのかなと思っています。

昔は多くの若者が集団就職で地方から都会にやってきました。彼ら全員が企業に就職したのではありません。

私の地元である世田谷の肉屋や八百屋、蕎麦屋、それに父の工務店でも彼らは働いていました。そして、下宿形式で、自分が働く店の家族と同じ屋根の下に住みました。

今では考えられませんが、当時は商店街に若い人がたくさんいて、一生懸命に働いていたのです。

◆次世代の不動産投資、旅館アパート

旅館アパートとは私の造語で「旅館業の許可を取得したアパート」を指します。
２０１３年に訪日外国人客数が１０００万人を超え、「インバウンド需要」という言葉をよく聞くようになりました。

併せて民泊仲介サイト「Airbnb」の普及によって、一般の住宅を宿として提供する民泊が行われるようになったのです。ここ最近、「ヤミ民泊」「違法民泊」などテレビやインターネットのニュースで目にした読者も多いでしょう。あれらは賃貸住宅を転用して、無許可で宿を営んでいるため問題視されています。「特区民泊」「民泊新法」もありますが、まだこれからといったところです。

対して旅館アパートは、旅館業の簡易宿所という許可を得て、合法でアパートを旅館として利用できるのです。なお、旅館業には下記の4種類があります。

・ホテル営業　洋式の構造及び設備を主とする施設を設けてする営業。
・旅館営業　和式の構造及び設備を主とする施設を設けてする営業。いわゆる駅前旅

館、温泉旅館、観光旅館の他、割烹旅館が含まれる。
・簡易宿所営業　宿泊する場所を多数人で共用する構造及び設備を設けてする営業。
民宿、ペンション、ロッジ、山小屋、ユースホステルの他カプセルホテルが該当。
・下宿営業　1月以上の期間を単位として宿泊させる営業。

旅館業法の中で簡易宿所は小規模の経営でも可能で、ハードルも低いとされています。原則として旅館業法がありますが、詳細な適用条件については、各行政がルールを定めており、保健所・消防署の検査を受けて営業許可を取得します。

なぜ旅館アパートなのか。その理由は先述した通り、少子高齢化による人口減少にあります。ご存じの通り、日本は少子高齢化が問題になっています。

これから日本人が減ることは明らかなのですから、それならば大家として、そこに「住む人」だけでなく「訪れる人」もターゲットに加えるべきなのです。つまり、外国人旅行者を宿泊させるのです。

そして、家賃10万円の部屋が旅館アパートでは日に2万数千円を稼ぎ出します。新築でも表面利回り10%を出せる意味がご理解いただけると思います。

第2章

株で破産・・・
タクシー運転手・・・
地獄からの生還

～"白岩流"が誕生するまで～

さて、ここで少し私のことをお話したいと思います。

今は大家でありながら、アパートづくりのサポートをしている私ですが、これまでのすべてが順風満帆だったわけではありません。

実践してみての失敗もあります。また、生まれた環境から家づくりに携わっていたおかげで、建築の根っこを知る大家という、工務店、大家さん、両面から最適を選べる視野を手に入れられたのかな？　と思っていますが、そこに辿りつくまで、数々の紆余曲折がありました。

◆工務店の次男坊として生まれた

私は１９５９年、世田谷の工務店の次男として生まれました。以来ずっと地元である世田谷と起点となる渋谷を見ながら58年の人生を過ごしています。

私の父は小学校を中退するようなかたちで大工の修行をはじめ、昭和21年に道具箱と米5升だけ持って上京しました。

大手建設会社の下請けなどをしながら資金を貯め、やがて独立して注文住宅を専門とする工務店を興しました。

受注はせいぜい年間5～6棟程度、多いときでも10棟くらいでしたが、仕事が丁寧と評判だったようです。

一度建てた人から数十年後に再度依頼を受けることが多く、受注が途切れたことがありませんでした。

そんな父を持つ私にとって建築現場は、格好の遊び場でした。父の仕事振りを見て育ったので、アパート投資に取り組むとき、自然と建物にこだわっていたのです。

◆株で失敗！　すべてを失い後悔の日々

その後、私の人生にとって大きな転機が訪れます。それは借金地獄です。

原因は株の信用取引で失敗したことでした。学生のころの私は、ヨーロッパ留学をして、そのまま移住するか、もしくは出版社に就職するか、それとも喫茶店を開くか・・・という夢を持っていました。

ひとつに絞りきれないまま、大学3年のときに半年ほどヨーロッパ旅行に出かけたところ、旅先から当時の彼女に出した手紙が相手の親の逆鱗に触れ、結局、その彼女と結婚することになりました。

大学を中退して、「この先どうしようか」と考えたときに、母親の出資を受けて、世田谷区内で喫茶店を開業することになりました。

念願の夢のひとつが叶って嬉しいと同時に、思うように売上が伸びず、商売の厳しさを実感する毎日でした。


そんな中、店の常連客から株式投資を勧められたのです。

「儲かるから、マスターもやってみないか?」

当時はバブル景気の真っ最中でした。

浮かれ気分の世の中のムードもあって、なんの知識もないまま、株に手を出してしまったのです。

時代の後押しもあったのか、はじめたころは驚くほど利益が出ました。気が付けば本業の喫茶店の仕事も忘れて、株にのめり込んでいました。

しかし、バブル崩壊で風向きは一気に変わります。

気づいたときにはもう、後戻りできない状況・・・借金の額は、小さな喫茶店のマスターであった自分の支払能力を完全に超えていました。

儲けを出したのはほんのひとときで、自転車操業から破綻へまっしぐらです。店の売上を返済にまわしても足りず、親から譲り受けた財産を内緒で処分して借金返済にあてる日々。

結局、駆け落ち同然で一緒になった妻とは離婚。私の喫茶店は母に内緒で他人に譲りました。

大切なものをすべて失い、どうあがいてもそれを二度と取り戻すことはできないという、絶望と後悔が私を襲いました。

持っているものをすべて手放しても借金はなくならず、最後は置手紙をして、ワンボックスカーに荷物を積んで家を出ました。夜逃げです。

◆自己破産で救われる

夜逃げした私は、すぐに働くことができる仕事として、タクシーの運転手を考えました。

幸いタクシー会社に入社できたのですが、会社には寮がなく、アパートを借りる資金もありません。仕方ないので社内の仮眠所やワンボックスカーで睡眠をとりました。働いても働いても、給料の大半は残った借金の返済に消えていき、手元に残るのは、わずか数万円しかありません。一箱200円の煙草代すら捻出できないため、すっぱり禁煙しました。

借りた金を返すだけの人生を送る日々に絶望し、自殺も考えました。

しかし、生命保険はとうの昔に解約済みで、保険金は1円も出ません。むしろ命を絶っても親に迷惑をかけるだけなのです。

そんなときに見つけたのが「自己破産」について書かれた一冊の本でした。暗闇の中に光を見つけたような気持ちでした。

1990年の夏、弁護士を通じて破産宣告を行うと、これまで毎月のように届いていた金融会社からの督促の手紙がパタッと途絶えました。

「ああ、これで助かった・・・!」この日の夜は本当に久しぶりに安心して眠ることができました。

このとき、私は「もう二度と自分の人生を危険に浸すような馬鹿なことはしない」と、心に誓いました。

そして、愚直にタクシー運転手を続けながら、何とか生活を立て直すことができました。

二度目の結婚をしたのもこのころです。彼女の家に結婚の挨拶に行くと、父親は有名な大病院の外科部長を務めている人でした。

バツイチのタクシー運転手である私を、義父は黙って認めてくれましたが、ひとつだけ結婚の条件が出されました。

「実家との関係をきちんとすること」です。

散々迷惑をかけた親に合わせる顔はなく、「親に会うくらいなら、結婚を止めようか」とまで悩みましたが、結局、泣きながら謝り、許しを得ることができました。彼女とは無事に結婚することができました。

◆まさかの相続でアパート大家に転身

結婚後もタクシー会社には10年間しっかり勤務して、個人タクシーの資格をとりました。ところが、これから個人タクシーでバリバリ稼ごうかというときに、事態は急変しました。

2002年に突然、父が亡くなったのです（享年76歳）。

静岡で生まれ、孤児から裸一貫で上京した父は後に独立し、世田谷で工務店を開業しました。母と二人三脚で手堅く事業を行い、信頼を得たおかげで工務店経営は順調でした。

借金嫌いの性格だったため、工務店としては珍しく運転資金はすべて自己資金で賄い、工場や倉庫、自宅まで無担保・無借金で経営していました。

突然やってきた父の死は、家族にも、そしておそらく本人にとって予想外のことでした。まったく準備をしていなかったため、相続争いや税務調査はあったものの、結果として私を含めた親族で父のアパートを引き継ぐことになりました。

そして、私はタクシードライバーを辞めて専業大家となりました。

生前、父の勧めで宅地建物取引主任者の資格を取得していたことも、意味があったのだと思いました。

◆白岩流が誕生するまで

相続したのは、アパート3棟、合計22室で、今と比べれば3分の1程度の規模です。そのほか、89坪ほどの資材置き場だった土地があり、それを姉と相続しました。

そこに新しくアパートをつくることになったのが、アパート投資に取り組むきっかけでした。

神奈川県川崎市多摩区にあり、駅から徒歩9分という立地で、まわりにはいくつか大学があります。学生の需要は見込めるものの、周囲の市街化区域に転用可能な農地がたくさんあり、今後も新築のアパートやマンションがどんどん建つことが予想されました。

「普通に建てたのでは、勝てない」そう思った私は、本を読んだりセミナーに行ったり、死に物狂いで勉強をしました。

今ほど不動産投資が一般的ではない頃の話です。必死で情報を集めました。

こうして、いろいろ研究して夜も寝ずに考えたのが、「吹き抜け型アパート」です。1室10坪（33坪）の1LDKに高い吹き抜けのロフトが付くという、基本のプランは今と変わりがありません。

次に土地から探して新築したのが田園都市線桜新町駅徒歩7分の吹き抜け型アパートになります。ここでブランド立地に長屋形式のアパートを建てるという手法が確立されました。2004年のことでした。

◆地方投資を経て、都心へ回帰

桜新町のアパートが完成したあとは、地方に進出することになりました。土地が安く人口の半分以上が暮す地方を、不動産投資のターゲットとして切り捨てるのは、非常にもったいないと考えたからです。

とはいえ、地方は東京より賃料が安く、地主さんというライバルがいます。普通のアパートでは行き詰まるのは目に見えていました。

「どうすれば乗り切れるか」と、自分で挑戦してみることにしました。

最初に建てたのは、栃木県宇都宮市内の賃貸住宅です。ビルドインガレージという特徴があり、屋内に1台、屋外に2台の駐車スペースを確保しました。

建物自体はシンプルな仕様ですが、吹き抜けのあるリビングは、大型テレビがゆったり楽しめる広さを確保しました。

4戸新築しましたが周辺にライバル物件はなく、車が趣味という転勤族のご家族を中心に満室が続いています。

このあと、栃木県佐野市に8戸の木造アパートを建てました。特徴はアパートなのに高級分譲クラスの豪華設備を使っていること。

黒い箱のような外観ですが、見た目のそっけなさとは対照的に、室内に入れば賃貸には珍しいゴージャスな仕様です。

分譲クラスのキッチンに化粧洗面台、大型バスルームを設置して、そのギャップで勝負しました。

ターゲットは若い夫婦に絞りました。設備は豪華ですが、それ以外のコストを徹底的に省いたため、同じ広さの周辺のアパートと、家賃は変わりません。

その点も強みとなって、こちらも満室が続いています。さらに静岡県西部に、単身者向けのシンプルアパートを新築しました。


しかし地方に関しては、甘く見ていたという反省があります。ほかとは充分差別化された競争力のある物件とはいえ、家賃の下落速度は東京よりも早く、人の動きは東京より遅いのです。


とくに静岡県西部地方のアパートは、ひとつの企業の社員を入居のターゲットにしたため、その企業が傾いた途端に入居者がまったくいない状況になってしまったのです。

タイミングも最悪でした。私が地方でのアパート投資をはじめた直後の2008年に、リーマンショックが起こりました。多くの会社が倒産し、人々が正社員の職を失い、日本人の平均所得は右下がりへと転じました。

結果「やはり私には東京しかない」と改めて認識しました。

地方でアパートを運営しながらも、東京の物件は常に満室稼働をしています。父が建てた築47年の木造アパートもしっかりと稼いでくれるのです。

地方への進出はいわば、実験の意味もありましたが、結果は私に「東京の強さ」を再認識させるという皮肉なものになりました。

◆さらなる進化を求めて

東京を本拠地にした私は、自身のアパート投資の傍ら、不動産投資に興味のあるサラリーマンや経営者の方々へのサポートを始めました。

というのも、多くの方から相談や質問が来たためです。

当時、新築アパート投資は、大手業者さんが勧め、土地がある地主さん向けの資産運用、税金対策というのが一般的でした。そんな中で、普通の大家さんが目黒・世田谷で新築アパートをどんどん成功させているのが珍しかったのでしょうか。

とにかく、そんな相談者の方と一緒に、自分がおもしろいと思う土地を探し、いつもお願いしている銀行融資担当者を紹介し、私が使っていた工務店さんに白岩流アパートをつくってもらい、管理会社さんに埋めてもらう。

これを繰り返しているうちに、どんどんとサポート人数が増えていき、現在では350棟以上のサポートとなっています。

時代の流れと10年後の賃貸市場を考えるうちに、賃貸併用住宅やシェアハウス、そしてインバウンド需要によって登場した旅館アパートといった新しいアパート形態も生まれてきました。恐らく今後も、白岩流は少しずつモデルチェンジを繰り返していくと思います。

まえがきでもお伝えしたように、私の考えでは不動産投資は〝不労所得〟であり、〝苦労所得〟であってはならないと思います。そのためには、常に時代にあった感覚を磨き続け、入居者さんが求めるニーズに敏感であることが必要です。

これからも〝不労所得〟を求め続け、進化を続けていきたいと思います。

第3章

これが“白岩流”新築アパート7ヶ条です！

白岩流7ヶ条
1
目的

アパート投資の『目的』を明確に持つ。

◆なんのためのアパート経営か

私は新築アパート建築のお手伝いをさせていただいています。

サポート希望者とは必ず面談を行うのですが、いつも聞くのは「あなたはどうしたいですか?」ということです。

私が知りたいのは、アパートオーナーになる「あなたの目的」です。その答えはその人によって変わります。

例えば子供が2人いる共働きご夫婦のケースでは「2〜3棟は欲しい!」という話が出ることがあります。なかには「月100万円のキャッシュフローが欲しいです」と金額を目標にしている方もいます。

私がリアルに考えていただきたいのは、目先のことに囚われず、何年か先までのスケジュールを立てて欲しいということです。

目先の利益にとらわれて求めている物件とは違うものを取得してしまえば、大きなマイナスになります。

まずは将来を見据えたうえでの目的を明確に持って欲しいです。必ずうまくいくとは限りません。

長い人生で何があるかわかりません。思ってもみない方向に進む可能性はあります。それでも、きちんと目標を立てることで一歩前進します。

東急系沿線の人気駅から徒歩1分の場所に、シェアハウスを建てたOLさんがいます。仮にA子さんとします。

平均61500円×7戸で月額家賃は43万円です。もう1棟建てるそうなので、近い将来、家賃収入が年額1000万円にもなる予定です。

40代前半のA子さんは独身で、もともとはご自身の住まう新築マンションを購入しようと、資金をコツコツ貯めてきたそうです。私との出会いによって、彼女は自宅マンションではなく新築アパートを持ちました。

結果、「精神的に安定が得られた」そうです。というのも、A子さんの職場には嫌味な上司がいて、上司のパワハラにただ耐えるだけの毎日を送っていたのです。

しかしアパートを持つことによって、「我慢できなくなったら、いつでも安心して会社を辞めることができる！」と考えられるようになりました。そして「辞められる」と思ったとたんに、「すっとラクになった」とのことです。

マンションのために貯金をしていたA子さんは、5割以上の自己資金がありました。ローン負担も軽く、2棟目の融資もスムーズに借りられそうです。

「いやになったら辞めようと考えていましたが、今は働けるうちは給料の範囲内で節約しながら生活するつもりです」

とのことで、所有するアパートの隣りの駅からほど近い木造アパートを借りて住んでいます。A子さんはその気になれば会社を辞めることができるし、老後の不安はかなり解消されるはずです。

多くの不動産投資家から、「定年退職後も今と同じ給料くらいの収入を確保したい」「老後の不安を解消したい」という目標を聞きます。そんな話を聞くたびに、「それなら、A子さんと同じやり方でいいじゃないですか」と思います。

◆あなたは無理をしていませんか？

中古のアパートやマンションを必死で買い続けている人を見ると、「本当にそんなに増やす必要があるのだろうか？」と素朴な疑問を感じます。

所有物件の数が増えれば触れるほど、キャッシュフローも増えるでしょうが、多くのコストと労力がかかります。

中古のRCマンションであれば、想像以上にメンテナンス費用がかかりますし、たとえ地方であっても高額な固定資産税が必要です。

入居付けに焦ったあまり、不良入居者をかかえてしまえば、家賃の滞納など賃貸経営にとってマイナスになる事態も考えられるのです。

何より、会社勤めをしながらこれだけの物件を埋め続けるのは大変でしょう。

世の中には、たくさんの不動産投資のやり方があります。どれも、それぞれに理屈があり、成功者の話を聞けば心が揺れるものです。

私は立地と建物を重視した投資法を実践していますが、中にはものすごい行動力とアイディアで、地域に関係なく利益をあげている人もいます。

競売や築古戸建も、交渉力がある人や自分で大工仕事ができる人には面白い分野でしょう。しかし、どのやり方も、その人にとっての向き不向きがありますしリスクもあります。

・不動産投資をすることで、どういう生活を手に入れたいのか
・自分にはどんな手法が合っているのか
・どこまでリスクを取れるのか

そのような軸の部分がしっかり定まっていれば、他人の投資手法にまどわされることがありません。「私はこれでいい」「これが私の幸せ」といえる強さのある人は、一番効率の良い方法で、確実に目的を達成していけます。

◆選択肢はあった方がいい

白岩流の新築アパート投資では、4つのタイプの新築アパートを提唱しています。

・高い吹き抜けを持つアパート
・外国人旅行客をターゲットとした旅館アパート
・マイホームとして住める賃貸併用住宅
・女性専用のシェアハウス

あなたの目的によって、この4つをバランス良く持つことをおすすめします。以前の私は子供や孫へ残すことのできる「資産」としてだけのアパートを目指していました。

しかし、この10年の激動する状況の中で、「選択肢はできるだけあった方がいい」と考え方を改めました。

もちろん、孫子の代まで継承できるしっかりとした頑丈な建物をつくりますが、必要なときが来たら「売る」という選択もとれるアパートでもあります。賃貸併用住宅であっても、将来的には二世帯住宅として「住む」ということもできます。

「貸す」「売る」「住む」が自在に選べる自由の意味を知ってください。

白岩流7ヶ条
2 立地

絶対負けないブランド『立地』にこだわる。

◆首都圏にだけ集中する人口

現在は人口が大都市に集中しています。それも東京への一極集中が顕著です。

東京都では、人口は約1373万人（2017年6月1日現在）。これは日本の都道府県の中では人口がもっとも多く、日本の人口の10％以上を占める。人口密度も日本の都道府県のなかでもっとも大きく、東京を中心とする首都圏は人口3700万人を超える世界最大の都市圏である。日本全国民の34％が首都圏に集中し、首都圏人口だけで、ポーランド、アルジェリア、カナダのそれぞれの国全体の人口に匹敵する。

―wikipediaより―

世界最大の都市ではありますが、東京都であれば「安心だ」ということではないと思います。

未婚の単身者が多いことから、人口が減少する中でも、世帯数は増加基調にあります。しかし、それもいずれ止まるでしょう。

これは大家にとって切実な問題です。「今」はいいかもしれません。しかし、賃貸経営は「今だけ」を見ていても仕方ないのです。

「投資はマラソン」と考えて長い期間を見据えて取り組まなければ、最後まで走りぬくことはできません。

まずは現実を知りましょう。国内の移動は新幹線をはじめとして、国内ＬＣＣ（格安航空路線）も次々と就航し、より早く便利になっています。北海道や沖縄は時間のかかる遠い場所ではなくなりました。

地方の人たちは、都会へのアクセスがよくなると、「都会から人がやってくる！」と経済効果に期待しますが、じつのところ逆効果になることが大半です。

例えば、これまでは都会の人が出張で地方を訪れたら、ビジネスホテルに宿泊する必要がありました。１泊すれば食事もしますし、接待も受けるでしょう。その結果、街にはお金が落ちます。

しかし、新幹線や飛行機で日帰りが可能になれば、泊まる必要はありません。場合によっては、支社も不要となり、オフィスが撤退するケースも考えられます。そうなれば、地方では仕事が減り、人々は都会を目指すようになるでしょう。

つまり移動時間の短縮よって、地方経済は潤うどころかむしろ縮小します。


大阪、名古屋、仙台といえば、日本では大都市に数えあげられますが、私はこの地域の地主さんたちから、「土地を売って、東京にアパートを持ちたいのですが・・・」と、資産組み換えの相談を受けることがあります。

余裕があるはずの都市圏の地主さんでさえ、危機感を抱いています。ましてや、地方に物件を持つ大家さんには、さらに厳しい未来が待っていることでしょう。

もちろん、都内であっても他人事ではありません。需給バランスが崩れたエリアでは、家賃の値下げが続いています。

「この春の繁忙期に満室にならなかった・・・」そんな声も聞こえてきます。4章で詳しくご紹介しますが、23区内の駅徒歩10分以内にある新築のアパートが数年たっても満室にならないケースもあります。

◆いつの世も人が集う街はある

アベノミクスからはじまった金融緩和の影響が不動産市場でも波及しています。

国土交通省が3月21日発表した2017年の公示価格は、全国の住宅地が前年比0・022％プラスと9年ぶりに上昇に転じました。

全用途は0・4％プラスと2年続けて上昇となったものの、地方への波及が息長く続くかが今後の焦点となると言われています。

とくに住宅地は低金利と住宅ローン減税による需要下支え効果により総じて底堅く推移して、2008年以来のプラスとなりました。しかし、通勤等に便利な駅から徒歩圏内の地価が上がり、駅から離れた場所は地価が下がるという二極化が全国的に拡大しています。

このように地価が上がったとしても、日本の人口は恐るべきスピードで減っています。今後、個人の住宅需要と企業の事業活動にともなう不動産需要が、大きく増えるとはどうしても思えません。

まず、住宅需要については少子化が続く限り、人口と世帯数の減少は確実です。そうなれば、需要は縮小する一方。ストックがあるにもかかわらず、新築住宅が増え続けていることを鑑みても、この先さらなる供給過剰となることは間違いないでしょう。

海外に工場を移転する企業が増えている現状から、企業の需要にも期待できそうにありません。製造業に限らず、デパートやショッピングモールなどの小売業、レストランなどの飲食業も、人口減少による市場規模の縮小に対応する傾向が見られます。

余談ですが、工場が撤退し、ショッピングモールもなくなった地方を見ると切なくなります。きれいな田園風景は消えて、殺伐とした廃墟だけが残されているからです。

このように、今後の日本では土地やその他の不動産の需要は減り、価格が下がっていくことは避けられないと思います。

先のアベノミクス効果から「まもなくインフレがやってくる」という声も聞きます。もちろん可能性はあります。しかし、景気が上向きになったとしても、日本の人口が増え全国的に地価が上がるということは考えられません。

このようなことから「地価が上がる可能性のある都心」もしくは「価格を維持でき

る場所」を選ぶのが賢いと思います。キーワードは「いつも人でにぎわう街」です。

◆まだまだ続く渋谷の再開発！

昔も今も、渋谷は良い方向へ変化をし続ける稀有な街です。

世田谷で生まれ育った私にとって渋谷はとても身近な街です。小さな頃は玉電（東急玉川線）に乗って、父とよく渋谷に遊びに行きました。

玉電とは東急（東京急行電鉄）の軌道線であった玉川線の愛称です。渋谷から二子玉川園（現、二子玉川駅）まで、玉川通り（国道２４６号）の上を走っていたこの愛らしい路面電車のことを、人は親しみを込めて「たまでん」と読んでいました。

それまでは自然も多かった渋谷の街が様変わりしたのは、１９６４年の東京オリンピック前後だったと思います。

子供のころからあったのは、東急百貨店東横店の前身である東横百貨店。次いで誕生したのが西武渋谷店。１９７０年代のＰＡＲＣＯ、ＯＩＯＩの進出、渋谷１０９誕生。１９８０年代は芸術の複合施設、文化村も生まれ、若者のファッション文化の発信の地として原宿と並ぶ地位を確立しました。

昔のことはほとんど忘れてしまったものの、ちょうど10歳のときに玉電が廃止されたことだけはよく覚えています。

玉川通りの上の首都高速3号渋谷線の建設、営団地下鉄銀座線と接続する地下鉄（後の新玉川線、現在は田園都市線の一部区間）建設により、三軒茶屋〜下高井戸間（現、東急世田谷線）を除いて、玉川線、砧線は全線廃止されました。路面電車が地下鉄になり、周辺の風景は随分と変わりました。

渋谷は私の青春時代そのもの。そして、大人になった今でも、たびたび足を運ぶ大切な街のひとつです。

「渋谷は子供の街」という印象を持つ方も多いようですが、実際には、私のような世代の人間でも、ゆったりと過ごせるお店や映画館、劇場が多くあります。

街を見渡せば、２０１２年にオープンした渋谷ヒカリエに続いて、２０２７年度までになんと5棟のビルの建設が予定されています。

地下化した東急東横線の地上駅跡地に33階建て高層複合ビル、駅西口には17階建ての複合ビル、渋谷駅をまたぐような形で建設される3棟構成の大規模ビルなどを開業予定で、集客率や利便性を高めたエンターテインメント性あふれる街の核となることを目指しているそうです。

「渋谷駅南街区プロジェクト（渋谷駅三丁目21地区）」は、東京メトロ副都心線との相互直通運転開始にともなって、地下化される東横線渋谷駅のホームおよび線路跡地に関する事業で、地上35階まで高さ１８０ｍの高層複合施設が２０１８年秋に開業予定です。

「渋谷駅街区開発計画Ｉ期（東棟）完成イメージ」
出典：JR東日本プレスリリース／渋谷駅街区開発計画Ｉ期（東棟）への展望施設設置について
https://www.jreast.co.jp/press/2015/20150703.pdf

「渋谷駅地区 道玄坂街区開発計画」では駅西口の東急プラザを建て替えて、２０１８年に18階建て複合ビルをオープンさせます。同地区再開発の中核に位置づけられる「渋谷駅地区 駅街区開発計画」は、山手線や地下鉄銀座線、東急東横線渋谷駅の真上に位置し、駅前広場や歩行者デッキを一体的に整備。東棟と中央棟、西棟の3棟で構成する高層複合施設の建設も計画されており、東棟は地下7階から地上47階まで高さ約２３０ｍの高層施設で２０１９年度の開業がみこまれます。

◆最強のブランド立地の条件

新築アパートの原点では、次に当てはまる立地を「最強のブランド立地」と定義づけています。私自身は渋谷を軸とした東急沿線の世田谷・目黒に絞っていますが、都内にはほかにも魅力的な街があります。あなた自身のブランド立地を探し出すのもいいでしょう。

1・憧れの街（人気）

地方に住む若者が「一度は住んでみたい」と憧れる街であること。前項で紹介したような「住みたい街ランキング」に名前が上がる街か、もしくはその街に隣接していることが条件となります。

2・アクセス

便利な場所にあり、働く場所に近いこと。ターミナル駅に10分から15分程度で出られるのが理想です。また、利用する路線が人気路線で、そこに複数の電車が乗り入れていればなお良いといえます。

3・治安

安心して暮せる街であること。駅周辺にどんなお店があるのかは重要です。街が明るく、買い物をしながら帰宅できる商店街があれば特に女性に好まれます。

4・地盤

地盤の強弱を気にすること。津波の影響、また夏場のゲリラ豪雨で浸水の影響を受けそうな低地ではないこと。これらは、東日本大震災以降、無視できない項目になっています。

5・歩いて楽しい

「歩いて楽しい街」であること。カフェや雑貨、書店など、路地に個性的でちょっと立ち寄りたくなる店が並んでいる街には人が集まってきます。

6・休日も過ごせる

生活のオンとオフに対応できる街であること。休みの日に立ち寄れる魅力的なお店や、公園などの癒しスポットがあれば理想的です。

7・文化がある

専門書店、映画館、ギャラリー、劇場、ライブハウスなど、文化に触れられる街であること。もしくは、そういった街に自転車や、電車を使い数分で出られること。

特に上京したばかりの若者は、カルチャー発信地に住んでみたいという憧れを持っているようです。

◆家賃がほとんど下がらない勝ち組エリア

私がサポートをしたケースでは、渋谷から徒歩圏である代官山の物件もあります。渋谷エリアに新築アパートを持つのは、予算的にも土地を探すにもハードルが高いと思われますが、意外とサラリーマンでも所有できるのです。

また、都心の超一等地でなくても、全国でも家賃がほとんど下がっていない希少な地域があります。それは東京の城南地区だと思います。その中でも最強なのは、渋谷を軸とした東急系沿線、目黒・世田谷の街です。

これは、私が大家になったときからずっと変わらず言い続けていることです。

理由は、人気があるからということだけではありません。商業地域と違って、閑静な住宅地であり、ライバルになりそうな大規模マンションが建ちにくい、これまでのデータから土地の価格が下がり難いなど、あらゆるチェックを行った上での結論です。

私はまだ家賃の下落が今ほど顕著でなかった10年前に、新築アパートづくりをはじめました。そして、2006年に発売した初めての著作で「ブランド立地以外で長期にわたる入居を見込むのは難しい」と書きました。

この10年以上もの間に経済情勢は激変して、大規模な災害が日本を襲いました。その結果として、私の考えは「正しい」と証明されたのではないでしょうか。

バブルのころ、投資物件や株で儲かった人はたくさんいました。しかし、バブル崩壊で私のような辛酸をなめた人も多くいたはずです。

ＦＸもそうです。何億円も儲かった人がクローズアップされますが、実際には半数以上がロスカットにあい、市場から撤退していると聞いたことがあります。

つまり、投資には波があるのです。アパート経営だって、たまたま安く買った人たちはうまくいきますが、それは底値だったから利益が出たのであって、不動産投資そのものの安全性を保証するものではありません。


買えば儲かる・・・そんな投資は存在しないのです。


しっかり勉強して、マラソンのように長い距離を走り続けられる物件を買った人だけが、豊かになるのです。

アパートは基本的に、20年、30年に渡ってローンを返し続ける必要があります。その間、ずっと満室を維持するには、立地の選定がなんといっても大切です。

学生時代にヨーロッパを放浪したとき、街の中心部を外れると、過疎化した地域がたくさんありました。

先進国では人口が減少傾向にあり、過疎化が普通のことと考えられています。「東京だからといって過疎化しないと考えるのはおかしい」というのが私の考えです。

実際、都内でも人気地区と不人気地区の差は年々広がり、不人気地区の家賃は下げ止まりません。

それに対し、目黒と世田谷に代表される人気地域は、長年にわたって需要が供給を上回っています。

ここで育った娘さんたちは、結婚しても近くに住みたいという人が多く、近くの街で新居を探す人が多いそうです。

常に土地が不足しているため、新しくアパートを建てる人も限られており、住居専用地域なので、大型マンションがドカンと建つような可能性もあまりありません。

何かの事情で将来的に更地にして売りに出す場合にも、「住宅用」として、必ず出口があります。

「でも、世田谷とか目黒では土地が高くて採算が合わないでしょう」と言う人がいます。

しかし、採算が合わないなら、合うように工夫するというのが私の考えです。

採算が合うからといって、客付に苦労する場所にアパートを建てても、入居者が入らなければまったく意味がないからです。

◆「この街に住みたい！」と憧れる街

東急系沿線の街は、賃貸物件の人気ランキングによく登場する女性にとっては憧れの街です。カップル向けである吹き抜け型アパートでは、部屋を決めることに主導権を持つのは女性です。女性に人気がある街は子育て環境も良い街である場合が多いです。そのため住環境と資産価値を重視する賃貸併用住宅にも向いています。そして女性が主役のシェアハウスはもちろん、外国人旅行客向けの旅館アパートにも適しているのです。

【三軒茶屋】（世田谷区　東急田園都市線・世田谷線）

茶沢通りで下北沢と結ばれた三軒茶屋は人気があります。駅前には近代的なキャロットタワーがそびえ、三宿通りにはカフェやヘアサロン、アンティークショップなどが充実しています。オシャレな三宿通りの先は世田谷公園で、噴水の近くでは子どもたちが元気に遊ぶ姿が見られます。

人気の世田谷区の中でも下町っぽい人情のある街といわれ、太子堂商店街にはお豆腐屋さん、魚屋さん、八百屋さん、肉屋さんなど、昔ながらの店が立ち並んでいます。それでいて、女子が好むオシャレで美味しい飲食店も多くあるという雑多な魅力に溢れた街です。

【中目黒】（目黒区　京急東横線・地下鉄日比谷線）

高い利便性とハイセンスな環境が魅力の中目黒は、「大人の街」といえます。代官山や恵比寿が徒歩圏内という都心にありますが、商店街では下町の雰囲気も漂い、人々に癒しを与えています。

桜の名所としても知られる目黒川沿いには、小さなカフェやレストラン、雑貨などの個性的なショップや、大人がゆったりくつろぐことができるお店が隠れ家のように点在しています。芸能人のファンも多い街です。

【自由が丘】（目黒区　東急東横線・東急大井町線）

住みたい街の人気ランキングで、吉祥寺と並んで必ず上位にあげられる街が自由が丘です。吉祥寺との違いはデパートのような大型店がないこと。

大通りも少なく、訪れる人は細い道を散策しながら目当ての店にたどり着くことになります。有名な自由通りや目黒通りのほかに、マリ・クレール通りや女神通り、カトレア通りなど、それぞれの道にオシャレで粋な名前が付けられています。

スイーツ専門店やカフェが多く、休日には美味しいものを目当てに、各地から女性が集まってきます。また、街ぐるみで「自由ヶ丘森林化計画」を行うなど、環境保護への意識も高い街です。


人気の街には、次のような共通点もあります。

それは「女性に人気の街」とひとくくりにされているように見えて、実際には、いろいろな職業や年代の人を受け入れる懐の深さがあるということです。

様々な人たちが、それぞれに自分たちの居場所を見つけることができるのです。

これが、若いファミリー層だけが住む新興住宅地であれば、昼間、街を歩いているのは主婦層だけになってしまいます。地方では、若者どころか、誰も歩いている人を見かけません。


人気の街にはたくさんの人々がいますが、やはり主役になるのは若者です。

豊かな社会で育った若者は、ただ物が溢れているだけでは満足できません。自分の知らないものであったり、文化であったり、人、店、情報いろいろなものが多様に存在する「混沌とした街」に魅力を感じ、引き寄せられるのだと思います。

1位	世田谷区	STAY
2位	港区	UP!
3位	新宿区	DOWN
4位	渋谷区	STAY
5位	品川区	STAY
6位	文京区	UP!
7位	大田区	DOWN
8位	目黒区	STAY
9位	杉並区	STAY
10位	中央区	UP!

賃貸アクセスランキング
関東版　地域ランキング東京都（2017年10月時点）
出典：ヤフー不動産　https://realestate.yahoo.co.jp/rent/ranking/

歴史を重ねてきた街、自然増殖しながら形を変えて、今の時代までいきいきと発展してきた街には、人を惹きつけるパワーがあります。企業によって作られた街にはない魅力です。

このような街には、「あの街は子供の街だ」といいながら、大人もやって来ます。オシャレな大人はバーで、庶民派の大人は赤提灯で一杯ひっかけるのです。かくいう私も、オジサンでも入れるカフェやバーで楽しいひとときを過ごしています。

◆ブランド立地は外国人旅行客にとっても同じ

「ブランド立地」というものは、日本人をターゲットにしても、外国人をターゲットにしても大きな差はありません。

まず前提として、東京のインバウンドとしては浅草、新宿、渋谷が3大ブロックです。渋谷のスクランブル交差点や忠犬ハチ公像をはじめ、センター街・道玄坂・原宿・表参道・明治神宮といった、渋谷を中心とする近隣エリアは、外国人観光客にとって一大観光スポットなのです。

我々日本人にとって観光地と認識されてこなかった渋谷には、もともとホテルの数が少なかったのです。土地が高く、昔から開発余地が無かったのも理由でしょう。

若者の街＝渋谷はオフィス街ではありませんので、ビジネスホテルの数も新宿や池袋に比べるとやはり少ないのです。

こうした背景が渋谷の宿泊需要に対して圧倒的に供給が不足している現在につながっています。

渋谷には欧米とアジアを比較すると、欧米からやって来た人たちの比率が高いのも特徴です。

クールジャパン・・・つまり渋谷がクールな街というイメージで好まれているのかもしれません。

同じくインバウンドでは最強立地である浅草は、アジアの比率が高めです。

外国人旅行客は「つくられた観光地」を嫌がります。

特に旅慣れた人ほどその傾向にあります。ですから我々からすると、いたって普通の街の風景だったはずのスクランブル交差点が、彼らにとっては「クールでユニーク」に映るわけです。

渋谷のハロウィンイベントにしても、主催者不在で自然発生的に盛り上がるのが特徴です。今はＳＮＳの時代ですから、街の魅力が簡単に、瞬時にして世界中へ発信されます。

このよう渋谷はインバウンド需要がすごく強いのにも関わらず、宿泊の受け皿が非常に少ないため旅館アパートを展開するにはおすすめのエリアとなります。

とはいえ、渋谷から徒歩圏に旅館アパートを建てようにも用地がありません。そこで、渋谷から私鉄で一駅、二駅といった渋谷にアクセスのよい立地を狙います。

例でいえば、池尻大橋、三軒茶屋などです。

新宿も観光地として魅力的です。

こう書くと、「新宿のどこに観光スポットがあるの？」と疑問に思う人もいると思いますが、新宿の街そのものが観光地なのです。

たとえば、「思い出横丁」や「ゴールデン街」などは、夜に行くと外国人ばかりで賑わっています。

こういった雑多な飲み屋街が、治安の良い地域に存在することは世界各国を見渡してもありません。

世界有数の繁華街でありながら、夜に子供連れて歩けるのは東京くらいでしょう。

もしもこれがほかの国であれば危険ですから、安心して歩くことはできません。

その国を代表する繁華街を子連れで楽しめるのは日本くらいのものですから新鮮に感じるようです。

我々日本人がヨーロッパの旧市街を訪れて感動するように、彼らは新宿の歌舞伎町やゴールデン街が珍しくて感動するのです。

しかも食事が安くて美味しく、あらゆる国の料理が味わえます。これは世界的な観光地として大きなポテンシャルでしょう。

人が親切なのも大いなる強みです。道を聞けば多くの人が親切に案内をしてくれます。警視庁のデータによると、たとえ現金を落としても75パーセントが無事に返ってくるそうです。このような国は世界中を探しても日本以外にあり得ません。カメラやスマホは100パーセント近い割合で持ち主のもとに戻っています。

一方で、アジアや欧米では不用意にスマホを持って歩いていると、すぐに盗難に遭うような非常に危険な観光地が多数あります。

喫茶店で席をとるのに、スマホをテーブルに置いてからコーヒーを頼みに行く光景が、日本では珍しくもないのですが、海外の旅行をテーマにした掲示板では「信じられない！」と話題になるくらいです。

余談ですが日本での生活に慣れた外国人が母国に帰えると、うっかりスマホを喫茶店のテーブルに置いて盗まれることもあるそうです。

白岩流7ヶ条 3

入居ターゲット

『入居ターゲット』をリアルに想定する。

◆年収200万円から300万円の同棲カップル

新築のアパートこそ、「どんな人に住んでもらいたいか」を明確にイメージする必要があります。

吹き抜け型アパートの入居者は、20～30代の新婚夫婦と同棲カップルが中心と考えています。なかでも8割を占める同棲カップルは、メインターゲットといえます。

さらに具体的にいえば、このカップルは両方が正社員であり、ある程度の年収が確保できている人たちです。

というのも、立地や間取りによって変わりますが、家賃12万円前後を想定しますから、1人入居であれば年収500万円以上の方、2人入居であれば年収200万円から300万円代のカップルが、無理なく家賃を支払うことができます。

転職・求人サイト「DODA」（https://doda.jp/guide/heikin/age/）の平均年収ランキング2016によれば、年齢別の平均年収は「20代」が前回比＋4万円の354万円で、男性の平均は374万円、女性の平均は324万円です。

年収分布をみると300万円未満が31・0％で、300万円～400万円未満が36・5％と300万円未満の層と、300万円～400万円の層が過半数を占めていることがわかります。

20代と女性で全体の半分以上の方が該当するため、年収の高い単身者、平均年収の同棲カップルという入居者の想定は、ターゲットを絞り込みながらも、間口が狭すぎるということでもありません。

同棲といっても家族にきちんと公認されており、保証人は両方の親御さんにお願いできるということが条件です。

そうすれば、どちらかが出て行って滞納が発生するようなこともありません。親御さんが年金生活者の場合は、保証会社に加入してもらっています。

ここでひとつポイントですが、親子関係が円滑な人たちはたいてい優良入居者になります。反対に、親子関係がうまく築けていない人は、他の入居者ともうまくやれないようです。

また、昔からいわれることですが、不動産に関する決定権は女性側にあるので、女性目線でアパートを作ると強みになります。

カップルでも、男性が物件見学に来て、携帯電話で彼女に写真を送り、「ここでい い？」などと確認している様子をよく見かけます。

勤め先がしっかりしていて親が保証人になってくれたとしても、入居を即ＯＫするわけではありません。

客付業者さんから連絡が入ったときは、「どんな人？」という点に注目するようにしています。

申込を入れる前から何でも神経質に聞いてくるなど、少しでもクレーマーの要素を持っている人はお断りします。

他の入居者の方に快適に暮してもらうためには、ゴミの出し方ひとつとっても、トラブルを起こさないような人に入ってもらいたいからです。

こんな話をセミナーなどで会った大家さんにすると、「入居者を選べるなんていい

年齢	平均年収		
	全体	男性	女性
20歳	290万円	323万円	256万円
21歳	281万円	301万円	257万円
22歳	281万円	295万円	265万円
23歳	293万円	306万円	278万円
24歳	320万円	333万円	303万円
25歳	345万円	362万円	323万円
26歳	366万円	382万円	342万円
27歳	380万円	400万円	347万円
28歳	393万円	415万円	356万円
29歳	411万円	435万円	367万円

20代全体のデータと年収分布		
平均年収（全体）	平均年収（男性）	平均年収（女性）
354万円	374万円	324万円

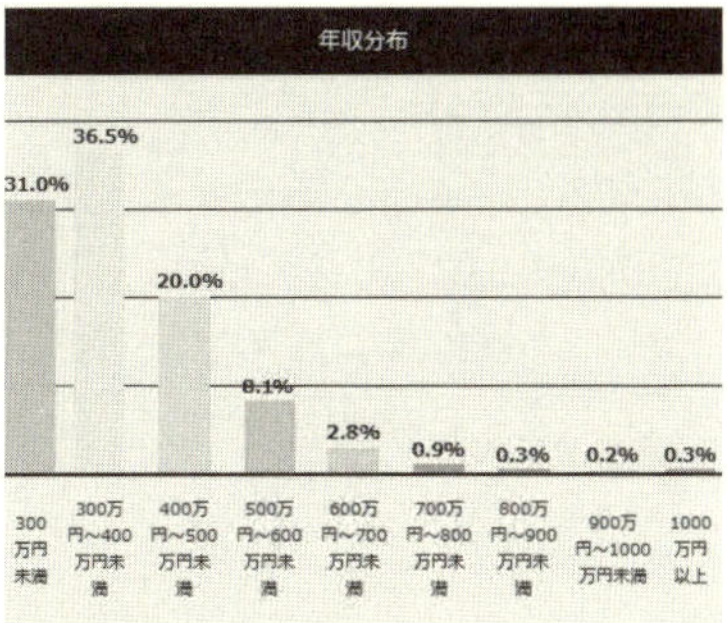

20代の平均年収と年収分布
出典：DODA　https://doda.jp/guide/heikin/age/

ね」「こちらは選んでもらうのに必死だよ」という声が返ってきます。

おこがましい言い方になりますが、大家が「入居者を選べるかどうか」は、不動産経営において、とても重要なことです。

「この人なら大丈夫」という入居者を選ぶことで、家賃の滞納や入居者間のトラブルとは無縁でいられますし、部屋もキレイに使っていただけます。

その代り、こちらはオーナーとして入居者に対して、真摯に向き合います。「いかに快適に暮らしていただけるか」を常に考えて手を抜きません。

◆偏った入居者はピンチを招く

このように入居者に対してリアルに想定した背景には、私のこれまでの経験があります。成功例でいいますと、第2章で紹介した川崎市多摩区のアパートは、周辺に大学が3校もありますが、大学生はあえて入居不可としました。

社会人だけをターゲットした場合、新学年が始まる3月中に決まらなければ、その後、1年間は空室を覚悟しなければいけません。

また、学生は若いためか気まぐれで、2年くらいで引っ越してしまうケースも少なくありません。

かつてはその分、礼金が何度もとれて有利とされてきましたが、今は逆に1度空くと次が埋まらないリスクにつながります。

それに学生の多いところは、地主もサラリーマン大家さんも、皆学生をターゲットにした狭くて安普請のアパートやマンションを作るため、過当競争、価格競争になりがちです。

さらに最近は経済的な事情から、学生たちが実家から通える地元の大学に進む傾向が顕著です。1人暮らしをする場合も、出費を抑えるために、学生寮や下宿などを選ぶ割合が増えています。

こうした事情から、複数の大学が周辺にあるから大丈夫という考え方は危険だといえるでしょう。ちなみに、この物件以外でも、社会人の住むアパートに学生さんを入居させることはしません。学生さんたちは夜遅くまで騒いだりして、社会人の入居者に迷惑をかける可能性があるからです。

失敗例では地方都市の企業を当て込んで新築したアパートです。

リーマンショック後の派遣切りから、工場の海外移転など、企業が動いた後はガラガラのアパートだけが立ち並んでいます。

震災後に「外国人労働者が一斉に帰国して入居0になった」という話もよく聞きました。また周辺の地主さんが家賃を下げはじめたため、近隣の家賃相場が値崩れしたということもあります。

私のように複数棟を運営していればリカバリーは可能ですが、その地方だけに所有している場合は大変なリスクです。

私自身が地方でアパート運営をした経験からの助言です。くれぐれも一企業に左右されるようなアパート経営は避けてください。

◆旅館アパートの入居ターゲットは？

ここでは旅館アパートの入居者ターゲットをリアルに想定します。

先述した通り、旅館アパートのニーズは外国人旅行客にあります。外国人相手と聞いて「え？」と戸惑ったり、「マナーが悪いのでは」と心配をしたりする方は多いものです。

たしかに普通のアパートで外国人入居者といえばトラブルになりがちです。

しかし、旅館アパートは数日だけの短期滞在、そもそも個人で海外旅行を楽しむ外国人なのです。こんなことを言っては何ですが、実際はシェアハウスで暮らす日本人の女の子よりも、外国人旅行者の方がはるかにマナーはいいのです。

考えてもみてください。海外に個人で旅行をする人で、宿泊先も自ら手配できる旅慣れた人たちなのです。あなたの周りを見わたしても、海外旅行が好きな人はどんな暮らしぶりですか？　という話です。

日本の若者の海外旅行離れは経済的な理由が原因です。日々の生活に追われている人にとって、そもそも海外旅行に出かける余裕など経済的にも時間的にもありません。

彼らは海外で余暇を過ごすこと、とりわけ日本が好きな人達です。極東の島国に好奇心を抱いて、わざわざ高いお金を払って旅行に来る人たちなのです。

加えて言えば、私が手がけている旅館アパートは、価格で勝負をする必要はありません。バックパッカー御用達の安宿とは一線を画し、家族連れもしくは、グループをターゲットとしています。

「ホリデーハウス」というコンセプトで、高級別荘に滞在していただくようなイメージです。ホテルのジュニアスイートがリーズナブルになったと考えてください。

たとえば家族旅行で来日して、ホテルのジュニアスイートに滞在すると、それなりの金額になります。それに比べると価格は手ごろで、それでいて家族やグループが一部屋で泊まれるゆったりした部屋があったらどうでしょうか。これこそ彼らにとって魅力的な選択肢となるのです。

そして、意外にも日本人の利用者が多いという事実があります。都内にファミリー対応がほとんどないというのが大きい理由でしょう。ツインを2室とるより家族やグループで一部屋に泊まりたいというニーズは、外国人旅行客でなくてもあるものです。

白岩流7ヶ条
4
建物

『建物』こそが肝、快適で安全なアパートを建てる。

コスト重視は危険、入居者を一番に考えた住まいづくりを！

アパート建築に対して「とにかくコスト重視！」そう考える大家さんも少なくありません。たしかにアパート経営は事業ですから、お金を使いすぎるのも考え物です。たくさんの見積もりをとって、とにかく安くあげよう、無駄を削ろうとする気持ちもわからないでもないのですが、アパートはあくまでも人が住まう家です。

安心安全かつ住み心地が良いことが基本です。私は人様に部屋を貸してお金をいただく以上、建物はしっかりつくるべきだと考えます。２０１１年の３・11以降はとくに安全な建物に対するニーズが高まっています。

白岩流の新築アパートは木造軸組工法でつくります。日本の風土にあった日本古来の工法で、在来工法ともいわれています。

地盤調査は必ず行い、結果によっては地盤改良も行います。構造計算については、普通の2階建て住宅であれば、しなくても確認申請は通りますが、基本的には行うようにしています。

耐震性についても構造計算に基づいて、地震力と風圧に対して安全確認をしています。普通の新築アパートを建てるよりはコストがかかりますが、建物の基本になるところは絶対に手を抜きません。

◆高さ×広さでつくる快適な住まい空間

天井高は軒高を7メートル未満（一般的な一種低層地域の制限）に抑えると、ロフトの高さ・・・吹き抜けの高さが3・75mになります。ロフト付の空間で大事なのはロフトと吹き抜けとの一体感です。これが吹き抜け型アパートの特徴です。

賃貸併用住宅でもロフトを取り入れています。空間の贅沢さ、居心地の良い部屋、圧迫感がない分だけ部屋の面積以上の広がりが感じられます。

一般的な収益に物件に比べ、こだわっている分コストはかかります。

また、賃貸併用住宅はオーナーさんのマイホームでもあるため、「あれもこれも！」と注文が増えがちになりますが、そこは抑制した方がいいでしょう。

賃貸併用住宅のお薦めは上が自宅、下が賃貸の2部屋。1階もロフトが付きます。上のマイホーム部分の水回りを1階に集めると、より大家さんの居住部分が広くとれます。下の賃貸を広めの1戸にしたプランは旅館アパート向きです。

基本の仕様はかつての白岩流と比べて若干変わっている部分があります。設備も以前なら「お金をかけるな！」という方向でしたが、今は逆に設備や見た目の部分には、ある程度お金をかけて勝ち残る物件にしていく必要があると考えます。

ただし、それは物件の魅力を高めるためであって、賃貸併用における自分の好みを満足させるためではありません。

また躯体にお金をかけず手を抜いて、外観や内装だけキレイに取り繕うというも違うと思います。

何度も同じことを繰り返しますが、まずは建物の質をしっかり高めたうえで、それ以外の細部まで気を配っていくのが新築アパート投資の原点です。

◆女性目線でしあげる最高のアパート

建物の質も重要ですが、物件は見た目が命です。これまでの白岩流のアパートはシンプル&スタイリッシュでした。

「おっ！」と見た目をひく建物だったけれど、今はオシャレなコンセプトアパートや同じような長屋形式のアパートも増えてきました。

まさかここまで同じようなタイプの建物が増えてしまうとは思いませんでしたが、ライバルのレベルが上がったのであれば、それに対して差別化をしなければいけません。

建物には絶対的な自信があるけれど、やはり見た目も魅力的なくてはいけないのです。内面はもちろん、外面も磨きます。

そのためには、入居希望者がはじめて目にする外観、外構にはある程度コストをかけるようにします。

以前は設備と同様に「いいものをしっかり作れば、見た目に対しては最低限のコストでOK」と考えていましたが、時代が変わったと思います。

このデザインに関しては、私のアイディアや男性設計士では、フォローしきれないと判断し、入居者に寄り添える、バランス感覚に優れた女性デザイナーをチームに迎えました。

主婦経験もあり「生活をする」ということをしっかり理解している、素晴らしい女性です。

その結果、センス良く居心地も良い、快適な住まいが出来上がりました。

お願いして良かったと思うのは、女性のニーズを押さえることができたこと。それから、調和です。目指すのは地域一番ですが、近隣の方々から見て不快感を抱くような建物はご法度です。あくまで閑静な住宅地にフィットする建物です。

プロデザイナーというと、スタイリッシュになりすぎる・・・住まいというよりは、作品のように仕上げるイメージがあります。

場合によってはかっこいいだけで、住み手のことをまったく考えてくれないデザイン性だけに走った部屋もあります。ゴミひとつ落ちていないような部屋では、息がつまりそうになりますが、それは私だけでしょうか。

ハードの部分は男性設計士が担当して、しっかりと骨太な建物をつくりあげ、ソフトの部分は女性デザイナーがやわらかく包み込むような建物にしあげた結果、大変よいアパートができました。

実例は巻頭カラーと5章に掲載していますので、ご覧ください。

◆良い設計士の見分け方

現在、白岩流の新築アパートを担当している設計士さんは開発もできるベテラン設計士です。私の希望する仕様をしっかりと図面にしてくれています。

もっとも重要なのは、限られたスペースの中で、最大限に空間を生かしたプランニングを提案してくれること。こればかりは経験とテクニックとセンスすべてが必要です。

そして、肝心な「意匠」の部分を女性デザイナーに譲れる柔軟さのある設計士です。

プライドの高い設計士の中には、良い腕があるのに、コミュニケーション力のない方もいらっしゃいます。

気をつけたいことは、設計士は知名度があるほど、独りよがりになる傾向がありま す。自分が「いい！」と思ったら、人の意見に耳を貸さない方もいるのです。

新築アパートは収益物件でありながら、人の住まう家であります。

「収益目当てだから、とにかく安ければいい」というのも考え物ですが、コストのかけすぎや、デザイン性に走りすぎて住み心地の悪い部屋になっても困ります。

実際に設計士を探される際のチェック事項とはしては、「料理していますか」「洗濯していますか」「ゴミ捨てていますか?」と聞いてみることです。

独身の設計士ではなく、家庭を持っている人であるのも、選ぶポイントかもしれません。NGなのは「生活そのものがイメージできない」「かっこつけすぎる」「日常がない」です。建築雑誌やインテリア雑誌を飾っているような「先生」はむしろ避けた方がよいでしょう。

大切なのは住む人の目線、一番参考になるのは女性目線です。作品やインターネットで設計士探しをする場合は、奥さんや彼女に意見を聞いてみるのがよいでしょう。できれば1人ではなくて、複数に聞くことがポイントです。

◆セキュリティにも気配りを

物騒な世の中ですから、セキュリティにも気配りする必要があります。とはいえ、さほど費用をかけるわけではありません。土地柄大げさな設備の必要はないと思っています。

まず建物の周りは砂利を敷き詰めます。歩くと音がしますから、それだけで防犯効果がアップします。それから1階の窓は人が入れないような小さな窓にしています。

複数の入居者がいるシェアはテンキー式ロックを使用し、吹き抜け型アパートと賃貸併用住宅はダブルロックでモニターフォンも標準です。

◆メンテナンス費用は不要!?

白岩流では、吹き抜け型アパートであっても賃貸併用住宅であっても、すべて長屋形式になるため共有部がありません。つまり管理する場所がもともと少ないのです。

つまり最初からメンテナンスや維持のコストが削減できるつくりになっています。

アパートでよく見かける鉄製の外階段は定期的な塗り替えが必要ですが、長屋式であれば、階段はそれぞれ2階住戸の室内部分に含まれ、手入れがほとんどいらず、また共用廊下がないため、電灯は最小限で済み、電気代もほとんどかかりません。

私が気をつかっているのはゴミ置き場です。地域によって変わりますが、清掃車が個別回収を行わないところもあります。

そういう場合はゴミ置き場を町内会と相談しなければなりません。

アパートは敬遠される傾向にあるので、早いうちに町内会にあいさつして、置き場を確保するのが大切です。

もちろん、自分の物件の前に置けるのであれば問題ありません。ただし、その場合は敷地内にゴミの集積ボックスなどの設置スペースを確保する必要があります。

こういった基本的なところは後回ししないようにしましょう。

◆パフォーマンスのいい工務店を探す方法

最後に良い工務店を探すテクニックです。

私がお付き合いしている工務店は現在6社あります。サッカーでいう入れ替え制で常にパフォーマンスのいい工務店をそろえています。

パフォーマンスとは値段ではなくて、工事全般です。建築を知らない人は値段だけで判断しがちですが、勘違いしないようにしてください。

現場管理、現場の養生、工程管理、近隣対策、清掃、設計図通りきちんとつくっているのは当たり前で、第三者調査機関（第5章コラム参照）の修正指摘の少ない工務店が良い工務店だと思います。

というのも第三者調査機関は個人からではなく、工務店からの依頼で仕事を行うことが多いため、たくさんの業者さんを知っています。

基本的に任意の調査を依頼する業者さんは良心的な業者さんです。

そのなかで、完全に中立の立場で現場検査を行いますから、工務店の仕事のあらゆる部分を把握しています。

第三者調査機関へ電話して、きちんとした工務店を紹介してもらうのも手だと思います。

ただ聞くだけではなく、「お宅に検査を依頼するので、いい工務店を紹介してくださいい」という問い合わせであれば、快く教えていただけます。

しっかりした工務店に対して、くれぐれも金額を叩くようなことはしないでくださいね。

むしろ「安すぎる」工務店に対して、疑ってかかってください。受注してから追加追加で最終的に高くなる工務店もあります。

白岩流7ヶ条
5
敷地

資産価値のある『敷地』を選ぶ。

◆どのような土地を選べばいいのか

以前は路地上敷地でのアパート建築を行っていましたが、これは今までの土地選びの概念から180度変えています。

その理由としては、まず、目黒・世田谷などの駅から徒歩10分以内で路地上敷地の土地が出なくなったこと。今まである程度容認されていた建物の高さに対して、近隣の方々の理解が得られ難くなってきたことも理由です。

そこで小ぶりの整形地の住宅用地に、こぶりのアパートを建てる・・・という風に、発想をまったく逆転させせました。

そもそも、ブランド立地は住環境の良い閑静な住宅街ですから、収益性だけを重視した大型のアパートは不向きです。

大型の建物をつくろうとすれば、土地も大きくなり取得価格が高くなります。近隣からの反発もあるでしょう。

ちいさくても都心直結の最強ブランド立地で、吹き抜け型アパート・賃貸併用住宅で駅から徒歩10分、シェアハウスでは駅から徒歩5分前後までに限定します。

このメリットは、「土地がかなり見つけやすい」「出口を考えやすい」「資産価値が高い」の3つです。

デメリットは「投資家ではなく、一般のマイホーム取得者との競争になる」「金額が高い」の2つです。

基本的にブランド立地の土地価格は安くありません。私がおすすめするのは、あくまで良い条件の土地、良い立地の土地であって、「ワケありの格安な掘り出し物」という性質の土地ではありません。

土地が高いのはどうしようもなく、賃貸併用で有利な住宅ローンを利用する、シェアハウスで高収益を狙うなど、運営の仕方で工夫していきます。

◆土地の資産価値を考える

話が少し脱線してマイホームの話になります。

地方の２５００万円の土地に５０００万円の上物を建てている人と、都心の５０００万円の土地に２５００万円の建物を建てている人、どちらも７５００万円の自宅になります。

東京の家は土地が狭いこともあって、小さい家がぎっしり立ち並んでいる印象があります。

対して郊外の家は広々とした土地にちょっと驚くような豪邸が建っていることもあります。

「長い目で見るとどっちがいいのか」という話です。

いろいろな考え方はあるけれど、価値が下がらない土地・・・５０００万円で購入した土地であれば、いつまでも５０００万円の価値、いやそれ以上の価値になる土地を買って持ち続けるのがいいのではないかと提案します。

これから10年後や20年後を想像してください。最終的に数少ない若い方々や高齢者の方々がどのような地域に住むかを。

治安がよく、商業施設が近隣に展開し、病院があり、緑があり、公園があり、渋谷や六本木、原宿、青山そして大手町や丸の内などにもすぐに通勤でき、住んでいる人々が同じような感性を持っている地域。


これは、事業家としての発想でなければいけません。飲食店や小売店が立地を考えるのと同じです。飲食や小売のプロは5年や10年で回収を考えていますからもっとシビアになります。

だからこそ、大家は立地を第一に考えなければいけません。

◆整形地の土地は有効利用しやすい

整形地のもうひとつのポイントがあります。建築に係る部分になりますが、建ぺい率（敷地面積に対する建築面積の割合）と容積率（敷地面積に対する建築延べ面積の割合）を使い切ることができます。設計するにおいてもやり易いです。

路地状敷地の場合は、土地値が安いメリットがある代わりに、土地の形が複雑になるため、建ぺい率、容積率をしっかり使い切ることが難しいのです。つまり土地の有効活用がしにくいということです。

ちょっと難しい話なのですが、土地には法律で定められた用途地域があります。用途地域とは都市計画法の地域地区のひとつになり、建築基準法と連動して、建築物の用途、容積率、構造等に関し一定の制限を加える制度です。

住居・商業・工業など市街地など土地利用を定めるもので、第一種低層住居専用地域などをはじめ12種類あります。

それぞれ建ぺい率であれば30パーセントから80パーセント、容積率であれば50パーセント～1300パーセントの範囲で定められています。

商業系用途地域は駅前のビルが立ち並ぶ街道沿い、住居系用途地域が駅から少し離れた閑静な住宅街というイメージです。

【12種類の用途地域】

住居系用途地域

第一種低層住居専用地域

第二種低層住居専用地域

第一種中高層住居専用地域
第二種中高層住居専用地域
第一種住居地域
第二種住居地域
準住居地域

商業系用途地域
近隣商業地域
商業地域
準工業地域

工業系用途地域
工業地域
工業専用地域

◆出口ある敷地が投資に余裕を生む

「目黒・世田谷などの駅から10分以内なら出口戦略など考えず子孫に残すべきである」、これが以前の私の意見でした。

基本は今でも変わっていませんが、さすがにリーマンショックや震災、格差社会、少子高齢化日本経済の地位低下など、これからはなにが起こるかわかりません。

しかし、白岩流出口に関していえば、絶大なる強みがあります。

まず土地として売却、これが一番強いです。

マイホームになる物件を、投資家でない一般のマイホームを考えている方に買っていただくということです。先ほどの例の通り、いつでも6000万円台で世田谷駅近更地が売れる安定感です。不動産の中でも換金性はピカ一です。

買主はマイホーム取得を目的とした実需の方々になりますから、アパートローンに比べて、融資の出やすい住宅ローンとなり、収益物件として売却するより何倍も有利になります。

買主が不動産投資家ではなく一般にマイホームを購入される実需層ですから、そこがいいと思います。買主が利回り星人の投資家だと非常識な指値を平気で入れかねません。

購入時の土地価格＋アルファで売却してマイホーム取得者は大喜び、不動産屋は手数料で大喜び、国も自治体も税金が入って大喜びです。どうでしょうか、最高の循環です。

もちろん、賃貸物件としての売却も可能です。いわゆるオーナーチェンジです。

現時点では中古のアパートは融資がつけにくい状況ですが、数年ごとに状況は変わります。

億単位の物件ではありませんから、ＲＣの1棟マンションよりは買い手がつきやすいでしょう。

その際には、第三者機関によるレポートで、建物力をおおいにアピールしたいところです。

売却をせずに末永くアパート経営を行うのもご自由です。年金替わりに自分たちが所有して、最終的には自分の子供達へ継承できます。

「出口の選択の幅をもたせる」これが、今の時代にふさわしい不動産投資だと考えます。

次に物件タイプ別の出口を紹介します。参考にしてください。

【吹き抜け型アパート】

このタイプのアパートを取得されたら、孫子の代までずっと所有されるのがおすすめです。

とはいえ4戸建ての小さなアパートですから、オーナーチェンジすることもできますし、更地にして土地としての売却も可能です。

【旅館アパート】

旅館アパートについては、そのまま旅館アパートとしてのオーナーチェンジ、上下2戸のアパートとしてのオーナーチェンジの他に、2世帯住宅として売却することも検討できます。もちろん更地にしての売却もできます。

【賃貸併用住宅】

小さなお子様がいる家庭であれば、お子さんが大きくなったタイミングで転居して、2戸とも貸し出すことができます。その場合はゆったりした2戸建ての吹き抜け型アパートになります。

【シェアハウス】

水回りを5部屋に1つ備えていますから、元々は住宅用でもあり、二世帯住宅や戸建て賃貸として、または賃貸併用住宅としての活用も可能でもちろん、更地にしての売却も可能です。

すべて土地建物で7000万円程度での売却か、200万円ほどのコストで更地にして、売却することも可能です。

白岩流7ヶ条
6
融資

より有利な『融資』で成功する。

◆あなたの受けられる融資は？

地主さんや資産家でなければアパートが建てられない・・・なんてことはありません。新築アパート投資は、地方の地主さんの資産組み替えにもおすすめですが、メインとなるのは普通のサラリーマンやキャリアウーマン、共働きの夫婦の方々です。

ここで融資についての簡単な説明をします。新築アパート投資をはじめるにあたって、地主の方であれば、土地を担保にして比較的容易に融資を受けることができますが、土地資産を持たない普通のサラリーマンであれば、金融機関から融資を受けなければなりません。

具体的にはアパートでは「アパートローン」、賃貸併用住宅は「住宅ローン」です。住宅ローンについては、一定の収入が必要であるなど条件はありますが、アパートローンに比べてかなり緩やかな条件になります。

次の項で賃貸併用住宅のメリットについて詳しく説明しましょう。

◆賃貸併用住宅なら、金利1パーセント以下も夢ではない！

賃貸併用住宅は分類上、マイホームになります。

自宅部分が50パーセント以上である等の一定の規定(金融機関によって変わります)を満たす必要がありますが、アパートローンでは借りることができないような有利な条件で融資を受けることができます。

とくに住宅ローンの魅力と言えば、金利が安いことでしょう。さらに、賃貸から得られる家賃収入もありますから、そこからローンを返済していくことができます。

対してアパートローンは事業性融資になるため厳しく審査をされます。そして、金融機関によって異なりますが、融資期間は基本的に物件の耐用年数内となります（金融機関によっては伸びる場合もあります）。

賃貸併用住宅は事業性の融資に比べれば、審査も手続きも簡単で、返済期間も35年まで可能です。

もともとの金利も低いのですが、給与振込などいくつか条件を満たせば、さらに金利が優遇されて、1パーセント以下のキャンペーン金利が適用されることもあります。

ほかにもサラリーマンの方で財形貯蓄をしていれば、それを自己資金として使うことができたり、住宅ローン控除など税制上の優遇など、多くのメリットがあります。

一例として、ご主人の年収が500万円、奥様の年収が300万円、世帯年収800万円の共働き夫婦の事例を紹介します。

年収800万円の場合は、各銀行のおおよその基準である返済比率35％で計算してみますと、年間280万円の返済となります。それを35年で返済すると9800万円になります。

つまり頭金5％から10％を入れても入れなくても、9800万円前後で目黒・世田谷の駅近の土地建物が買うことが可能です。

さらに「ローン返済額－家賃収入＝実際の支払い」となるため、普通にマイホームを建てるよりも断然お得になります。

次の章で紹介するオーナーさんは、なんと月6万円で世田谷区にお住まいです。

住宅ローンの条件は、その方の年齢や属性によっても変わってきますので、細かいことは金融電卓で計算したり、最寄りの銀行に聞いてみてください。

◆最新の融資事情

最近の状況としては、2017年の春以降から融資が徐々に締まりつつあります。

しかし、私の企画する新築アパートは土地の担保力が高く相変わらず好調です。吹き抜け型アパートはこれまでどおり変わりません。

新たに融資に積極的な金融機関を見つけました。

ここでは詳しく書けませんが、政府系の金融機関です。

一般的な年収のサラリーマンが金利1パーセント代、融資期間は35年、長期固定で借りています。良い条件で必ず融資が受けられます。

賃貸併用住宅であれば住宅ローンが利用できますし、旅館アパートは簡易宿舎ローンを、とある金融機関が融資を利用することができます。

話は変わりますが、投資家になかには「金利3・5パーセントは高い！」と拒絶して、1パーセント代の金利で金融機関から借りることにこだわる人たちがいます。では、その人がどんな物件を買うのかといえば、地方の大規模な中古マンションなのです。私から見ると、非常にリスクの高い投資に思えます。神経質な人ほど金利にはこだわる傾向にありますが、投資の本質を見失っているのではないでしょうか。

規模やスピードを重視すると、どうしても地方に投資せざるを得ないのかもしれませんが、二束三文の土地に大きな建物を所有すれば、多額の修繕費がかかり空室率の高さに悩まされます。なぜなら、土地の価値が低い物件に投資をしているからです。

◆閉ざされた中古アパート融資

新築アパートに対しての融資に比べて、中古アパートは正直いって、大変厳しい状況です。

サラリーマン大家さんへの融資に積極的だった某地方銀行が、不動産投資への融資を引き締めました。

また地方のRCマンションの融資に対しては年収のハードルが高くなっています。

つまり、築浅のRCマンションであれば、まだ門戸は開かれているということにはなりますが、このように融資が引き締められるということは、「買いたいと思っても買えない」ということ以上に、「出口がない」というリスクがあります。

すでに中古アパートを持っている方からすると、今後売りに出したときに買える人間が「少ない」のです。これはとても怖いと思いませんか。


なお最近では銀行融資が厳しいため、ノンバンクから融資を受けることも一般的になってきていますが、私はあまりおすすめしません。

基本的なことから説明しますと、ノンバンクとは銀行、信用金庫以外の金融機関という意味になり、ようは預金する仕組みがない融資専門の金融機関のことです。

ノンバンクの金融機関として、クレジットカード会社、消費者金融、信販会社、リース会社などがあげられます。

特徴は金利が銀行に比べて高いこと、融資の審査基準が銀行に比べて緩いことです。

審査のスピードや返済期間も長めに設定されており、投資家にとっては使いやすいと言われる金融機関です。

注意点としては、共同担保を出すことを条件にしているノンバンクもあります。

本来なら担保評価不足額を共同担保で補うことで、必要な物件購入金額の融資を受けられるのですが、この場合は「条件」になっていますから、有無を言わさず担保物件を差し出さなければいけません。

うっかり自宅を担保にしてしまえば、最悪の事態では自宅を失いかねません。

そこまでのピンチを考えるのは大げさとしても、ノンバンクで借りると次の融資がつけられないという問題もあります。

「抵当権を見て、銀行で借りていないところは、考慮させてもらいます」

と、某メガバンクの担当者が明言しています。信用毀損まではいかないけれど、マイナス評価になってしまうそうです。

利回り重視もまたひとつの投資スタイルですから否定はしません。

ただし収益性が高いからといって、築古物件や再建築不可物件を購入してしまうと、「後へ続けることができない・・・」という落とし穴も考えられます。

白岩流7ヶ条
7
経営術

管理と入居募集、『経営術』を身につける。

◆空室対策はいらない!?　満室経営術

新築アパートはそもそも空室からスタートします。そのため大前提として、「空室にならない場所に、空室にならないような物件を建てる」このことを一番に考えます。

そのように建てたアパートを空室にならない家賃設定で設定すれば良いのです。

立地を間違えたばかりに失敗している人。北関東に中古アパートを購入して、平日のサラリーマン業の傍ら、週末に目の下にくまをつくって仲介業者をまわっている人を知っています。

また「30年一括借り上げ」など、大手メーカーの甘言をそのまま信じ込んで、取り返しのつかない新築アパートを建ててしまった人もいます。

新築アパートで家賃保証が付いた場合は、契約書をよく読み込みましょう。30年の一括借り上げといいながら、「2年ごとの家賃見直し」など不利な条件があります。

私が皆さんに言いたいのは「そもそもの入り口をしっかり考えて下さい」ということです。中古アパート、新築アパート問いません。

不動産投資は不労所得です。勤労所得ではないのです。そこが大前提だと考えます。

◆自主管理大家さんの入居募集方法

私は吹き抜け型アパート、賃貸併用住宅では基本的に管理会社への委託はいらないと思っています。

というのも、新築アパートは思った以上に手間がかかりません。入居者についても厳選しているため、この10年間目立ったトラブルもありません。

自主管理の場合は「入居募集はどうするのですか?」という質問を受けますが、大家さんが入居募集を行う不動産会社に営業を行います。

不動産会社は駅のそばと起点になるターミナル駅のそばから1社ずつ選定します。選び方はその不動産会社を土日に絞って定点観測して、とにかくたくさんのお客さんが来ているお店を選ぶのがコツです。

入居者募集を依頼するときは、一般媒介契約（ほかの宅地建物取引業者に重ねて同内容の媒介を依頼できる）と専任媒介契約（ほかの業者に重ねて媒介依頼できない）があります。

一般媒介にすれば複数の業者さんにお願いできますし、成約時に広告宣伝費を支払うことで、意欲的に営業をしてもらえます。

注意したいのは管理会社における専属契約では、客付業者（入居募集を行った業者）と管理会社で、仲介手数料と広告費を分け合います。

管理会社ではなく、客付業者と大家さんが直接契約していれば、客付会社には仲介手数料もどちらも入ります。

業者さんから見れば、収入が倍も変わるのですから大きな話です。

なお広告宣伝費といっても地方都市のように、家賃の何ヶ月分も支払うことはありません。家賃1ヶ月分で良いでしょう。

基本は自主管理を行い、自分で営業して客付けをします。ラクをしたい人は管理会社におまかせすればいいと思います。

◆旅館アパートのマーケットは世界!

旅館アパート最大の特徴が、先述したとおり人口減少が進む日本で、世界をマーケットに経営できる点です。

「世界に対してどうやってアプローチするのですか?」という疑問を持たれる読者もいるかもしれません。「自分でできる気がしません」と不安も思う方も多いでしょう。詳しく聞いてみると、ほとんどの方が英語への苦手意識、言葉の壁を気にしているのです。今はインターネット翻訳が発達していますから、言葉の壁などあってないようなものです。

少し古い資料になりますが、言語学博士で関東学院大学の名誉教授、御園和夫氏の調べによれば、世界で英語を第1言語、あるいは第2言語として使用している人は、世界人口の約49%に及ぶといいます。現在の世界の人口はおおよそ70億人ですから、世界でなんと30億人以上の人々が英語をある程度理解できるということです。

そういった人たちとの簡単な意思疎通であれば、スマホやタブレットを介したインターネット翻訳で十分にコミュニケーションが成立します。

つまり、日本の人口が1億3000万人として、英語人口が30億人だとすると、なんと、20倍強の規模の市場にアクセスできる可能性が、旅館アパートにはあるのです。

たとえばアパート経営で管理会社や保証会社のサポートを受けられるように、旅館アパートにも専用の募集媒体がありますし、管理運営をする代行会社も存在します。代行会社にすべてお願いすれば、外国語対応について悩むこともありません。

このようにアウトソーシングの仕組みが整っている点では、一般のアパートとなんら差はありません。そういった企業へ依頼してもいいでしょうし、私の姉家族のように自分たちで管理をしてもいいのです。

一般のアパートを自主管理にするか、管理会社へ任せるのかを決めるのと変わりありません。

言葉の壁は先ほども述べたとおり、インターネット翻訳でどうにでもなります。

日本人と比べて外国人旅行者は、良い意味で大雑把な人が多いのですから、管理にそれほど神経質になる必要もありません。

そもそも日本人の国民性として、細かいところまで非常にこだわる資質があり、それが日本製品の不良品率の低さや、リコールの徹底ぶりにつながってきました。

これはある意味、世界から見ると異常な水準の高さであるといえます。

だからこそ、日本は世界で戦ってこられた面があります。まあ、最近はあまり戦えていませんが・・・。

日本の家電製品も携帯電話も高機能を追求してきた結果、複雑で高価な商品ばかりとなりガラパゴス化しました。

一方、落ち目の日本に代わり、世界でシェアを伸ばしたのはシンプルで丈夫な家電やスマホで、これらがグローバルスタンダードとなりました。

誰も求めていない機能やサービスを、せっせと詰め込んで失敗したのが一昔前の日本企業です。

話が逸れましたが、私が言いたいことは、世界が求めていることは非常にシンプルだということです。すなわち日本人相手の賃貸経営よりも、楽で緩いのが外国人相手の旅館アパート経営なのです。

コラム

ブランド観光地「京都」もおすすめ！

インバウンド需要があるという、東京都心のメリットをお伝えしましたが、費用対効果の観点からすると京都も十分注目に値します。

京都をおすすめする第一の理由が、なんといっても日本を代表する古都であり、観光地だからです。

インバウンドの側面で評価すると、京都もまた最強立地と呼ぶにふさわしい場所でしょう。

また京都は盆地なので建物が建てられる場所も限られています。広大な農地があるわけでもないので、過当競争に陥る可能性は少ないと見ています。

しかも、京都は東京に比べて土地の価格が半値近くと安いにも関わらず、宿泊価格はそこまで差がつきません。東京の8割くらいの価格で運営が可能です。それだけ京都の費用対効果が高いということです。

ここで注意いただきたいのは「京都の土地は東京の半値」と言っていますが、京都の本当に良い立地はとても高くて手が出せません。むしろ東京より高いくらいです。三条や四条など坪単価700万円～800万円が当たり前の世界です。

そこで、市内の少し外れのエリアが狙い目となるのです。とはいえ京都の街そのものがコンパクトシティなのでデメリットはそれほどでもありません。市内を移動するなら、500円で1日バス乗り放題を利用できます（2018年より600円に値上げ予定）。

実際に東京より安い土地を京都で見つけて、旅館アパートを企画するとなれば、どのような点に気をつければいいのでしょうか。

これにはハードとソフトの両方が重要になります。

ハードとは、主に建物のことです。

旅館アパートの建物仕様は東京と同じです。詳しくは私の著書『新築利回り10%以上、中古物件から月50万円の「旅館アパート」投資！』（ごま書房新社）を参照ください。

ソフトとは、一言でいうとサービスのことです。

部屋にちょっとした果物を置いてあるとか、レンタル自転車を設置するなどの工夫でも充分差がつきます。自主管理であれば、物件近所の飲食店へ連れていってあげるなどの気づかいです。

このような細やかな心配りがホスピタリティにつながります。お客様とランチを一緒にするだけでも、口コミ評価が上がりますし、その口コミを見て利用を決めるお客さんも増えます。

これはあくまで一例で、創意工夫の余地は幅広く、やりがいや面白さを感じるのではないでしょうか。

次に京都の失敗事例についても触れておきましょう。インバウンドブームが到来して数年が経ちますが、すでに明暗がはっきりしているケースもあります。

失敗例としては、現在、価格5000万円、利回り7パーセントで流通している物件が多くあります。

中古のリフォーム、あるいは新築物件にしても、5000万円くらいで1世帯がグループ利用できるプランの物件が多くあります。私はこれを「1グループ物件」と呼んでいます。果たして安定的に運営されているのか、かなり微妙だと感じます。

こうした1グループ物件をさんざんシミュレーションしてきたのですが、どう考えても収支が回らないのです。

そこで私は、多少は建築費用が高くなっても、上下2個の簡易宿所を建てることで、2世帯に利用してもらえる旅館アパートを企画しました。これを私は「2グループ物件」と呼んでいます。

価格5000万円で利回り7パーセントということは、年間の売上が350万円になります。

350万円を12で割ると、月の売上が30万円弱です。しかし、1世帯の利用でそれだけの売上を出すのは相当に厳しいという結論になります。

そこで私は、上下が分かれて2世帯が利用できる2グループ物件を企画しました。2世帯利用ということで水回りなどの住宅設備も増えて、建築費は高くなりますが、収益力や経営の安定性が1グループ物件よりもはるかに優れています。

加えて言えば、首都圏をはじめ遠方に住む投資家が京都で旅館アパートを企画したいなら、しっかりオペレーションできるのかを注意することです。これは、地方の投資家が都心で旅館アパートを取得する時も同様です。

ハードとソフトでいえば、ハード面は本書で触れたとおり、すでに確立された仕様があるので問題ありません。

差別化するならソフト面にフォーカスすることになります。ソフト面は先述した通り、ちょっとした工夫や気遣いの積み重ねです。小さなことのように思えますが、このソフト面がおろそかになると、結局いい物件があったとしても、空室期間によって下手をすれば赤字になってしまうのです。

それくらい今後の過当競争は熾烈（しれつ）になり、これを生き残るためにはソフトの重要性がどうしても高くなります。

私もただ状況を傍観しているわけにもいかないので、これから来る過当競争に向けて先手を打つべく、いろいろと工夫をしているところです。

成果が出たものについては、いずれ皆さんへ何かの機会にシェアできればと思っています。

第4章

実例からリアルに考える
“あなたのアパート投資”

◆安定それとも利益重視!?
オーナータイプで選ぶ新築アパート

具体的にアパートを持ちたいと考えたときには、自身のライフプランを考えましょう。資産と目的に合わせた賃貸経営で、あなたの未来の可能性がさらに広がります。ここでは、理想論だけでなく、実例を踏まえて、「どんな順番で、どんな物件を建てるかを提案します。

サラリーマン

20年後に純資産総資産2億1000万円を目指します。ローンの少ない自宅（賃貸併用住宅）とローンの終わった旅館アパート2棟が目標です。家賃収入は約200万円程度、キャッシュフローは融資の条件にもよりますが100万円程度です。

（1）自己資金のない人向け

まず1棟目に賃貸併用住宅を持ちます。頭金を5％で住宅ローンを組むことが可能です。そして住居費を節約しながら、貯金をして旅館アパート・吹き抜け型アパート・シェアハウスを検討します。

（2）先にキャッシュフローが欲しい人向け

頭金を10％ほど用意して旅館アパートを1棟持ちます。安定重視であれば吹き抜け型アパートがおすすめです。その後、賃貸併用住宅を取得しましょう。

自営業

自営業に関しては職種や業種にもよりますので、ケースバイケースですが、基本的に自営業に対しての融資付はとても厳しいのが実情です。そのため時間をかけて取得することになります。

まず不安定と見られる自営業者であっても、住宅ローンであれば組むことができます。1棟目は賃貸併用住宅からはじめるのが良いでしょう。

ここで居住費を節約して頭金20％～30％を目指しましょう。なお、確定申告が3期連続で黒字であれば、いきなりアパートからはじめることもできます。

じっくり安定して賃貸経営を行いたい方であれば、吹き抜け型アパート、スピード重視であれば、収益性の高い旅館アパートがおすすめです。

地主

地主さんの場合もケースバイケースですが、地方の地主さんであれば、まず資産の組み替えを行います。地元の土地や賃貸物件を売却して、その代りに東京のブランド立地に土地を購入しましょう。

地方の地主さんには「先祖代々の土地を守らねば」という意識の強い方もいらっしゃいますが、その土地を守るにもお金は必要です。一番大切な家族のための土地を守って、あとの土地を担保に資産運用など、資産と収益をよく考えて決断してほしいと思います。

取得する物件は自己資金を多めに用意をして吹き抜け型アパート、収益重視であれば旅館アパートがおすすめです。

土地探しの手間はありますが、都内の一等地に賃貸物件を所有することで節税効果も得られます。詳しくは160ページを参照ください。

次の項からは、実際に白岩流の原点アパートを建てた先輩方の声です。地主大家さんからサラリーマン大家さん、共働き夫婦大家さんとタイプはまったく違いますが、皆さん自身の夢を叶える一歩を踏み出しています！　ぜひ、参考にしてください。

●地主大家さん（吹き抜け型アパート）の実体験↓　P144へ
●サラリーマン大家さん（旅館アパート）の実体験↓　P148へ
●共働き大家さん（賃貸併用住宅）の実体験↓　P152へ

ケース1 地主大家さん 吹き抜け型アパート

長らくほったらかしにされた空き家を新築アパートに。

物件概要

Y・Kさん

東京都S区に生まれ育った55歳の専業主婦。現在は都心の億ションでご主人と悠々自適の生活を送っている。

小田急線某駅　徒歩5分
吹き抜けアパート+土地50坪
1階30㎡×3世帯・2階36㎡×3世帯
計6世帯

想定家賃
1階 28万500円・2階 30万円

月額585,000円

生まれも育ちも東京の私は、白岩さんと同年代ということもあり話がよく合います。小田急線某駅から徒歩5分のところに実家がありまして、私自身は夫と共に別の街で、分譲マンションに住んでいます。

私の母が亡くなったのは3年前で、それからずっと空き家でどうしていいか悩んでいました。最初にうちは良かったのですが、1年経ったころからだんだん荒れてきたのです。夏に草取りをするだけで一苦労・・・やっぱり家は人が住まないとダメですね。ご近所の手前もありますし、空き巣や放火されるのではないかという不安もあります。私には兄弟がいませんから、相談するのは夫だけ。夫もとくに不動産に対して知識が深いわけでもなく頼りになりませんでした。

いずれは更地にしてアパート経営でも・・・と考えていた矢先、主人が病気になって働けなくなってしまったのです。夫は長く勤めた会社も退職したため、アパートローンを組むこともできなくなりました。収入も減って生活も不安です。

そんな経緯があって、人から紹介された白岩さんに相談したところ、「人気の立地なんだから、アパートを建てたら」とアドバイスをもらいました。

余分なお金はありませんから、アパートにするには銀行からお金を借りなくてはいけませんが、私は専業主婦だし夫は無職。「そんな状態で銀行からお金を借りるのは無謀じゃないですか」と白岩さんに聞いたら「何も心配することはありませんよ」と励まされました。

そして、銀行に聞いてもらったのですが、この土地は時価で1億5000万円。それを8掛けしても1億2000万円ということで、充分に融資が借り入れられるという話でした。

これまで知らなかったのですが、銀行はたとえ専業主婦であっても、担保価値がある土地を持っていれば、お金を貸してくれるのです。

その後、「建物利回りを考えたら素晴らしいところですよ！」と説明を受けて、6世帯の吹き抜けアパートを建てました。資金は銀行からほぼ満額で借りられました。竣工後はすぐに満室となり、いまも満室が続いています。

これまでずっと実家のアパート建替えを「簡単にはできない難しいこと」と思いこんでいましたが、灯台下暗しとはこのこと。表現が俗っぽいかもしれませんが、自分の足下に札束が眠っていることを理解していなかったのです。

主人が病気になったときは、絶望の淵に立たされましたが、いまはアパート経営も順調で、おかげさまで月々キャッシュフローも入るようになり、安心して暮らすことができます。

住んでいるときは週末になると人が多くてザワザワしていて、わずらわしくも感じていましたが、今はこのような良い立地に家を遺してくれた両親にすごく感謝しています。

また、このような土地の有効利用を知らなければ、私たち夫婦の生活は立ち行かなかったでしょう。白岩さんには本当にお世話になりました。

ケース 2 サラリーマン大家さん 旅館アパート

子供に遺せる資産をつくりたいと旅館アパートを新築

物件概要

S・Hさん

東京都埼玉県に在住。一部上場企業に勤める40代前半のサラリーマン。妻と2人の子供と4人暮らし。年収1000万円。

東急東横線某駅　徒歩5分
旅館アパート＋土地20坪
40㎡×2世帯
計2世帯

想定家賃
各階　50万円・2階 3
月額**100**万円

都内の某メーカーに勤める40代前半のサラリーマンです。

勤務先の会社は安定しているのですが、これらかかる2人の子供の教育費や自分たちの老後を考えると不安になりました。

そこで、副業や投資などをテーマにした、いろいろな書籍を読んで勉強していたところ、不動産投資に行きついたのです。

最初のうちは、地方の高利回りマンションで1億円未満の物件を探していたのですが、手頃だと思える物件がなかったこと。それから紹介される物件が、1億円以上は当然で、ものによって2億円以上と、あまりにも大規模で私の手には負えないと感じたのです。

実際に見に行ったこともあるのですが、関東のはずれの片田舎に建つ、古びた大きなマンションをどうしても買う気にはなれませんでした。

その後、不動産以外に投資はできないかとコインパーキングやコインランドリーなど、さらに手を広げて調べていた時に、たまたま白岩さんのお話を聞く機会がありました。

東京都の好立地で持つ「旅館アパート」という新しい発想に驚かされました。

そして、結局のところ一等地に小ぶりな新築アパートを持つのが、もっとも安全で確実な投資だと感じたのです。たしかに東京の土地は高いのですが上下2戸の旅館アパートであれば20坪もあれば充分です。

実際に土地を探しはじめたのは、去年の春ごろでしたが、渋谷駅から程違い若者に人気のある東横線の某駅に土地がでました。若者に人気があると言いましたが、渋谷駅からのアクセスが良いので、外国人旅行客に対しても強みがあります。

元々は大きな古い家が建っており、持ち主のおじいさんが亡くなった後に、3区画で分譲されていました。いわゆる業者が建売りの住宅をつくって売るような土地です。資金は頭金1割と諸費用を用意して、あとは銀行から借りることができました。プランは上下1フロアずつの2世帯のアパートで、今年の春から旅館アパートとして稼働しています。

完成したときに部屋に入って驚いたのですが、設備は普通のアパートとあまり変わらないのですが、旅館ならではの誘導灯や帳場がありました。

外国人向けと聞いて、民泊によくあるような「和」を強調しているような部屋を想像していたのですが、和風ではあるけれど、テーブルや椅子も用意してあって、機能的な和洋折衷というイメージです。畳敷きの和室と洋間がうまく調和しているのが印象的でした。

うまく説明できないですが、きつい日本趣味でないですね。最近は日本人旅行客の利用も多いと聞いて、そこは納得しています。

今は季節によって変動はあるものの、合法の旅館として1フロアを1グループに貸すスタイルで、1ヶ月で約100万円の売上が見込めます（上下2フロア分を合算）。

これからもまだまだインバウンド需要はあると思いますし、最終的に普通のアパートとしても使えます。なにより目黒区の良い土地が残りますから。

まだ1棟目を持ったばかりですが、できればもう1棟新築アパートを持って、子供2人に残してあげたいと考えています。

ケース 3 共働き大家さん 賃貸併用住宅

収益を生み価値が下落しない資産になるマイホームを購入

● 物件概要 ●

S・Kさん（仮名）

東京都目黒区在住。30代前半のサラリーマン。同年代の奥さんもフルタイムで働いている。世帯年収900万円。郊外の賃貸アパートから新居へ引っ越したばかり。

東急田園都市線某駅
徒歩7分
賃貸併用住宅
土地60㎡
1階30㎡+ロフト（賃貸）
2階30㎡+ロフト（自宅）

家賃
1階12万円×1世帯

月額12万円

3年前まで株をやっていました。自分でいうのもなんですが、タイミングを読むのがうまく順調に増やしていて、元手300万円から最高で2000万円まで増やすことができました。

ところが2009年のリーマンショックのときに、半分の1000万円ほど損失してしまいました。トータルで見ると失敗ではないのですが、株価が急落するというのは、なんともいえない恐怖感で、「もう株はやめよう」と決意しまして、それ以来、リアル資産である不動産に興味を持ちました。

とはいえ勉強をしようと書店にいけば、何十冊も書籍があり、セミナーを調べてもたくさんあります。いろいろありすぎて、どんなやり方がいいのかわかりませんでした。

幸い妻が協力的だったのもあり、2人で話し合って最初は利回り重視で、土地勘から当時住んでいた千葉か、実家のある茨城で中古アパートを見てまわりました。

今はもう厳しいですが、そのころは中古アパートでもまだアパートローンを組むことができたのです。

ゆくゆくは中古RCマンションを買うつもりでしたが、最初はそんなに高くない中古の木造アパートを練習がてら購入する予定でした。

ただ「利回り15％！」と一見美味しそうなアパートも実際に見に行ってみると、ボロボロなうえに空室があったりして、とても初心者が練習用に購入するアパートには思えません。

かといって1億円近いＲＣマンションをいきなり購入する気にはなれず、どうしたものかと思っていました。

結局、本を読んだりセミナーに行くごとに「やっぱり手間のかからない区分マンションがいいかな？」とか「戸建賃貸の方がいいか？」とか、目標が定まらないというか、どのように物件を購入していいのか悩んでいました。


ところが２０１１年の東日本大震災で千葉の液状化を目の当たりにして、「土地は資産。まずは地盤からしっかり選ばなければ」と方向転換しました。また利回りよりは、土地価格の下落リスクをできる限り抑えるべきだと思いました。

くわえて東日本大震災で妻が帰宅難民になったことから、「近い将来、子供を持ちたい。そのためには職場に近い場所に住みたい」という希望がでました。

僕自身、マイホームに関しては、まだ先という風に考えていたのですが、妻の意見や自分の投資価値観の変更から、「賃貸併用住宅がいいのではないか」と思い、情報収集をはじめたところ、白岩さんのブログを見つけました。

「立地にとことんこだわる」という考えに強く共感できました。入居付けに困らない人気の街に物件を持つ、吹き抜け型アパートを賃貸併用住宅とするということで、住むにもいいし、貸すにも魅力があると思いました。それからデザイン性だけでなく、地震に強い建物であることも良いと思いました。

いっしょに面談した妻の中では、どの街に住むか、が強くあったようで、希望する「職場にも通いやすいことにくわえて、子育てによい環境が良い街」が、白岩さんの推奨する目黒・世田谷にぴったり当てはまり「憧れの街に住むことができる！」と喜んでいました。

賃貸併用住宅を建てたいと決意してからは、妻がさらに積極的になり、いっしょにインターネットで土地探しもしました。

以前の投資物件探しと違うところは、収益物件サイトではなく、アットホームやスーモなど、一般の売地をチェックすることです。

結局のところ、自分で探すのはなかなか難しく、白岩さんの知り合いの業者さんからの紹介になりましたが、田園都市線某駅から徒歩7分の整形地ということで、連絡がきたその日に土地を見に行きました。

妻の職場が渋谷ということもあり「ここがいい！」と即決でした。

建物のプランニングは基本的にプロへお任せになりました。ただし居住部分のクロスやフローリングの色やキッチンやバスルームについては、妻の好みで選びました。清潔感があり部屋を広く見せる白を基調にしながら、部分的に柄や色を取り入れました。女性デザイナーさんからアドバイスを受けられたので、無難になりすぎず、また行きすぎにもなりすぎず、ちょうどいい仕上がりとなったと思います。

部屋はワンフロアにロフトがついた形で、吹き抜けの天井が気持ちいいです。引っ越すまで住んでいた、ＲＣマンションよりもオシャレで居心地がよく、木造アパートという感じはありません。

予算は土地建物で８０００万円強となりました。自己資金は株を売った１０００万円と夫婦の貯金５００万円の１５００万円です。夫婦の共有名義です。住宅ローンは

6500万円を35年変動0・875%の条件で、某メガバンクで借りました。

このように融資の条件がいいのが、賃貸併用住宅のもっとも強いところだと思います。月々の返済額は18万円弱ですが、1階の家賃収入が12万円あるため差額の支払いは6万円です。つまり実際の支払い金額は6万円だけなのです。

駅徒歩7分に住んで6万円なんて、ありえないですよね！

賃貸住まいと比べれば固定資産税はかかりますけれど、この10年間は住宅ローン控除もあるため、トータルで見ると大変お得です。

その恩恵を活かしながら、効果的に繰上げ返済もすすめていきます。


これからの予定としては、月々の支払いが6万円程度ということで、住居費の負担が少ないですから。その分だけお金をしっかり貯めます。できれば妻の収入金額分はまるまる貯金したいところです。

具体的にはまだ検討中ですが、1年に数百万円ずつの繰上げか、もしくは住宅ローン控除の効果を考えて、10年越したところで一気に繰上げを進めてもいいかもしれません。とにかく、なるべく早めにローンをすべて完済したいと思います。

そして、あくまで希望ですが、もう1軒賃貸併用アパートを建てたいと考えています。今は2戸建てですが、賃貸が何世帯かあって居住部分がもっと広いところが理想ですね。というのも、今の部屋は30㎡にロフト、住まいとして使える面積は45㎡あるので、2人暮らしには十分なのですが、今後、子供を持つと考えると、将来的には手狭になると思っています。

子供にお金がかからないうちに、住宅ローンを返済することができれば、次も同じような良い場所で、子供部屋のある広い賃貸併用住宅を建てることができると思います。

以前だったらマイホームは「戸建住宅を千葉で持つか、都内なら郊外かな?」と漠然と考えていましたが、やっぱり便利な場所は暮らしやすいです。都心であるわりに公園も多く、子育てにも良さそうな街です。

今の家の住宅ローンを完済することを前提に考えているので、2棟目では今の2戸分の家賃も入ってきますし、将来の年金と考えても充分です。

このような計画は、本来であれば自分の年収がよっぽど高くない限りは難しいのですが、幸いなことに妻は仕事を生きがいにしているため、「出産しても働き続けたい!」といってくれています。

共働きで子供を持って育てるというのは、簡単なことではないとは思いますが、同じような家庭はたくさんありますし、夫婦で協力できればけして夢ではないしょう。

この10年が頑張りどころだと思っています。

コラム

最高で相続税評価80パーセントOFF！

地主さんの相続税対策として、土地の有効活用は常識ともいえますが、私が提唱するのは、普通の相続税対策をひとひねりしたものです。

たとえば地方に資産3億円の土地を所有する地主さんがいたとします。田舎の土地なので、広さは3000平米以上もあります。

田舎の土地は実勢価格が低いにも関わらず、固定資産税評価は高めです。そのため土地はあっても、キャッシュのない農家の地主さんなどは「高すぎて相続税が払えない！」なんてこともおこります。

キャッシュがある地主さんだとしても、莫大な相続税を支払うことになります。

そこで地方の土地を売却して、東京で同じく3億円の土地を購入することにします。都内一等地で300平米取得できたとします。

ここで私がもっともおすすめするのは、その際に地方を引き払って東京に引っ越すことです。

地方の土地を処分して都内の土地を購入して居住すれば、土地の評価が20パーセント。つまり80パーセントディスカウントされます。

実際には地方の地主さんが、地元を引き払って上京するのはなかなか現実的ではないと思いますが、これが、地方の商業地のビルや駐車場をお持ちの地主さんであれば、都心の一等地に200平米の賃貸事業用の土地を購入して賃貸することにより、居住用の80パーセント割引とはいきませんが、50パーセントの評価減になります。

引っ越すこともなく相続税の大きな節税ができます。

第5章

ノウハウ公開！
白岩流アパートすべて見せます

この章では、具体的に白岩流の新築アパートをどのようにつくっているのか、プランニングのコツや設備や仕様まで、そのすべてを公開します。

入居者さんにとっては毎日の生活を送る住まい、そしてオーナーさんにとっては収益をあげるだけでなく大切な資産です。また賃貸併用住宅ではマイホームにもなりますから、生活と資産どちらの側面も持ち合わせています。

そのため私がサポートするアパートの建築では、「アパートだからそれなりの建物でいいだろう・・・」という考えとはむしろ逆の「アパートだからこそ、建物をしっかりつくるべき」と考えて、それを実行してきました。

各アパートタイプ別に内装や外観まですべてお見せします。

隠す部分はなにもありません。これから新築アパートづくりを目指される方はぜひ参考にしてください。

基礎から躯体へのこだわり

※吹き抜け型アパート、旅館アパート、賃貸併用住宅、シェアハウス　共通

基礎や構造など躯体は、どのタイプのアパートでも共通になります。すべてをつくりあげるまでに、6回の第三者機関による検査を受けながら進めていきます。

工務店の息子が「建物の質」とことんこだわりました。自信を持っておすすめする頑丈な建物のつくり方を、検査過程に合わせてご紹介しましょう。

①配筋　②土台

あらかじめ地盤調査と構造計算を行います。その結果によっては地盤改良をしてから基礎をつくります。

アパートの基礎は大きく分けて「布基礎」と「ベタ基礎」があります。布基礎は現在一般的ではありませんが、一昔前の一戸建て住宅や木造アパートに広く使われていました。

鉄筋コンクリート造で断面が逆T字型をしており（この部分をフーチングと呼びます）、この布基礎の上に土台を載せて、その上にさらに柱や壁を組み立てていきます。

ベタ基礎にも土間式シングル配筋とダブル配筋」（コンクリの中の配筋が二重になったもの）の2種類があります。基本は土間式シングル配筋、必要であればダブル配筋のベタ基礎になります。

配　筋

土　台

③柱　④金物

次に構造体です。木造の場合、柱や梁、筋交いなどの材料が重要です。柱の径や梁も構造計算で確認していますが、最低でも120角で施工します。120角とは12センチ角のことで、「4寸柱」とも言います。柱はひのき、土台にはヒバを使用していますから、これは贅沢ですし、なにより強固です。一般の住宅は集成材の105角がポピュラーで、普通のアパートでも105角で作られていることが多いです。

柱や梁の接合部には金物を適切に使い、耐震性を高めます。特に大地震の際に柱が抜けるのを押さえるホールダウン金物は、通し柱（1、2階にわたって使い柱）だけでなく、管柱（階ごとに区切って使う柱）にも採用しています。このあたりは大手メーカー同等以上だと自負しています。

柱

金　物

⑤ 構造合板

壁になる合板は9ミリを使用しています。
釘の打ち方で2・9倍の耐力壁になります。

⑥断熱材

屋根の断熱材には発泡ウレタンをつかいます。従来のグラスウールより気密性があり、断熱性も高く、木造の揺れにも隙間が出来にくくなっています。

⑦ 防水

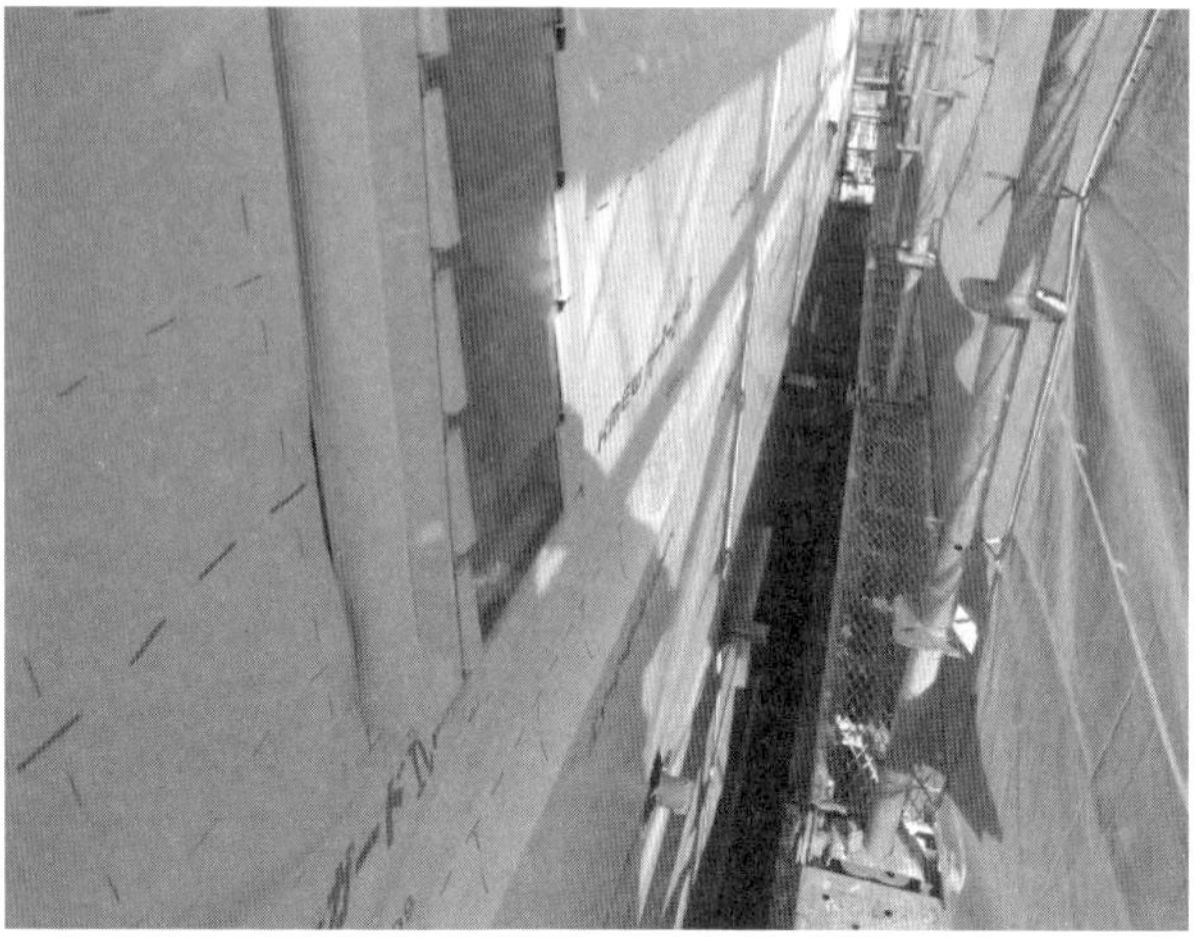

外壁防水シートを壁面にしっかりと張り巡らせます。
なお屋根の形状はシンプルな切妻の屋根を目指していますが、土地の形状や高さ制限によって、ケースバイケースになります。

⑧防蟻処理

木造住宅にとってもっとも危険な敵は白アリです。しっかりと防蟻処理を施します。

⑨ 外壁

外壁は通気層があるサイディングです。サイディングは通気層をとることによって、木造の耐久性が上がります。アパートの外観によっては表面の見えるところだけ意匠上モルタルを使うことがあります。それによってデザイン性が高まりますが、基本は建物の居住性や安全性を重視しています。

サイディングの利点はデザインが豊富で選べること。サイディングもピンからキリまでありますが、15ミリ以上を使用しています。厚さがある分だけ耐久性も増しますし、これだけの厚みがあれば表面の加工で凸凹が出せます。

これは仕上がりに立体感がありデザイン性の面から見て魅力的です。ただし、あまりにも厚くなれば、重みが増しますから、建物に負荷がかかってしまいます。「丈夫で見た目も好印象だから厚ければ良い」という話でもありません。

吹き抜け型アパート

発案した10年前から基本的なプランニングに変更はありません。1室10坪（33平米）以上の広さで3・75メートルから4メートルの吹き抜けとロフトを持つ長屋形式のアパートです。

使う資材や設備など仕様の変更は若干ありますが、初志を貫徹しています。写真を交えてしっかりご紹介させていただきます。

吹き抜け型　外観

現在、吹き抜け型アパートのおすすめは、写真のように整形地にて4戸という小規模がやりやすいと思っています。土地の出やすさや建物の価格、また間取りのつくりやすさなど、総合的に判断しています。

建物として考えた場合、窓がとりやすいのも魅力です。中途半端なバルコニーを付けるよりは、部屋の広さを重視した方がよいという考え方もありますが、余裕があればバルコニーを付けます。最近の傾向としては、吹き抜け型アパートと賃貸併用住宅には付けた方がいいのかなと思います。

建物は見た目も重要です。コストを抑えながらデザイン性を高める工夫をしています。デザインの大半を占める外壁の選び方が重要で、ほとんどの場合でサイディングを使用しますが、一部前面のみを塗壁材でアクセントをつけることもあります。

また、外構工事も従来のようなコスト重視の管理しやすい土間コンクリートや、メッシュフェンス等の簡易なエクステリアではなく、自宅と同じように考えます。

シンボルツリーになるような常緑で成長の遅い植栽を行います。優しいグリーンは建物をより引き立ててくれます。

吹き抜け型　2階への階段

アパートには共同住宅形式と長屋形式があります。共同住宅形式ですと外廊下や外階段の共有部分が必要です。長屋形式であれば、そういった共有部分をつくることなくアパート建築ができます。

長屋形式では2階の部屋であれば、居室にこの写真のような階段が設置されます。メリットとして、共有部がない代わりに占有部の面積が広くなり、居室面積がトータルで広くなることがあげられますが、デメリットもあります。

吹き抜け型アパートの場合、各戸の階段もドアも隣接していますので、階段の音が響きやすくなります。2階建てですから、上下階の騒音も気になるところです。そのために遮音対策には最新の注意を払っています。

まず上下階の対策としては、遮音シートと断熱材を100ミリ入れるようにしています。というのも収益性を考えてロフトをつくる関係上、上下階の間が35センチにならざるをえないのです。普通の戸建住宅で45センチ程度とれます。

本来、上下階の間は大きく空いているほど良いのですが、それが難しいため遮音シートと断熱材を入れることによって騒音をカバーしています。

吹き抜け型　リビングダイニング

約10坪の居室です。広々としたリビングにキッチン、そしてロフトへのはしごが設置されています。高い天井が空間に縦の広がりを持たせています。アパートの天井といえば、せいぜい2メートル40センチ程度です。

ロフト付であっても2階だけで、そのため1階と2階の家賃に差がついたり、1階の入居付が難しくなったりという問題がありましたが、この白岩流では、1階2階とも同じだけの吹き抜けがあります。

住戸間の壁（界壁）に関しては、石膏ボード、遮音シート、断熱材グラスウールを坪当たり24キロを挟み込んでいます。

断熱材はその名の通り、保温効果が得られるものですが、空気層をもっているので保温と同時に遮音の効果もあります。

石膏ボードは12・5ミリ厚のものを2枚重ねで貼り計4枚使います。これは通常の建築基準ですが、さらに遮音シートを加えることで、より騒音をカバーしています。

上下階があるところは天井に穴を開けないようにしています。穴をあけて設置するダウンライトを付けてしまうと、音が漏れるのでブラケットにしています。これなら

ビスの穴くらいなので、遮音性に影響が出にくいのです。

新築アパートでは、デザイン性を重視してダウンライトにする場合が多いですが、ここはあえて見た目よりも居住性を重視しました。

床は24ミリの構造用合板の上に遮音シートを敷いて、そのうえにフローリングをはります。最低でもこれくらいは必要ではないでしょうか。

窓は網入りのペアガラスです。指定されていない地域でも、標準で準耐火建築物の仕様にしています。木造であっても外からの火に強く、また内側からの出火も広げません。

吹き抜け型　キッチン

設備にも手を抜かないのが白岩流です。現在は一般住宅用の一番小さなサイズを使用しています。キッチンでいうとウェブサイトによる施主さんの人気設備ランキングは、1位パナソニックで2位ヤマハ、3位サンウエーブだそうです。

ちょっと値が高いのですが、「入居者さんに良いものを使ってもらいたい」と思われる方が多く、我が家のように居心地の良い住まいづくりをしようと考えてくれます。

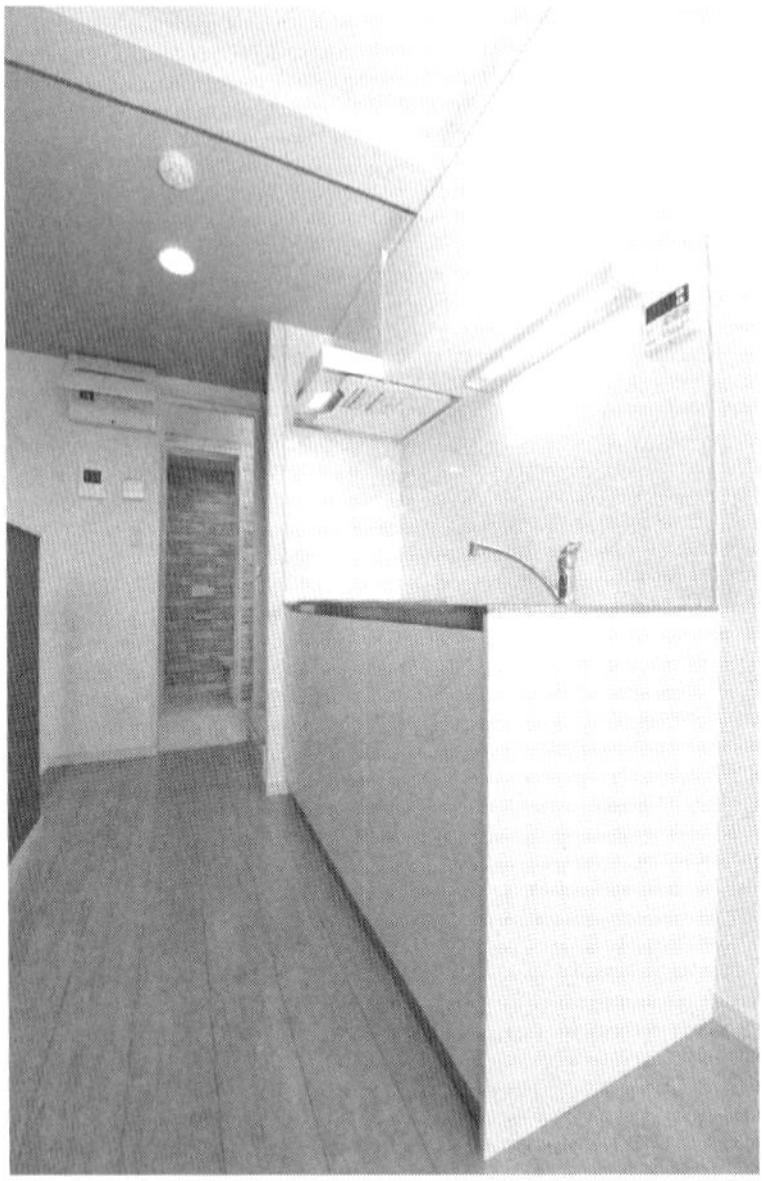

なお火事対策を考えて、すべてＩＨキッチンにしています。ガスキッチンとコストは変わりません。

吹き抜け型　バス・トイレ・洗面所

浴室はバスタブを交換できるタイプを指定しています。システムバスの中には一体型と、風呂桶だけ交換できるタイプのものがあります。

全部交換しなくても、そこだけ交換できるようなタイプであれば、後で取り換えられる方が便利です。これはどこのメーカーでも作っていますし、値段も変わりません。あとは追い炊きと乾燥機は標準で付けます。

トイレはウォシュレット付きで、洗面化粧台は実用重視の量産品です。すべて良いものを使うのにこしたことはないのですが、全部にこだわってしまうと金額がアップするため、その分だけバスルームやキッチンに集中させた方がよいかと思います。これは大家さんの考え方もあるでしょう。

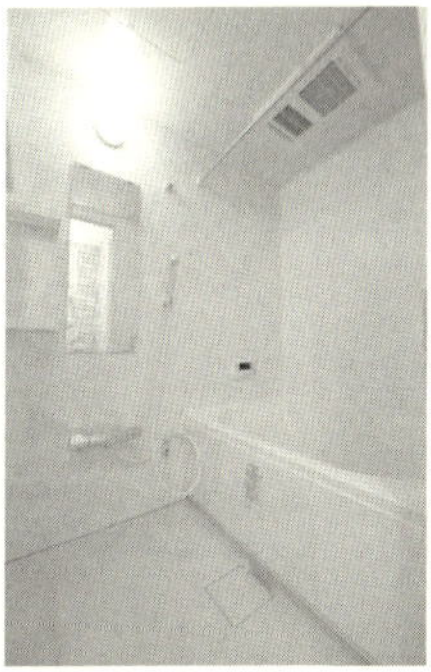

旅館アパート（簡易宿所）

旅館アパートは、最強ブランド立地の中でもより外国人旅行客のニーズがあるエリアに新築するのがおすすめです。

吹き抜け型アパートよりも小規模な土地でできること、普通賃貸より収益率が高いことがメリットです。

注意点としては、旅館業の許可を得るためには用途地域を「第一種住居地域」「第二種住居地域」「準住居地域」「近隣商業地域」「商業地域」「準工業地域」を選ばなくてはいけません。

また、原則として国の定めた旅館業法の法令があるものの、具体的な適用条件については、各自治体がルールを定めており、その基準に合わせて建築する必要があります。

旅館アパート　外観

外観は外国人旅行客の好む和テイストを取り入れます。

玄関ドアは何度も開け閉めしても耐えられるよう丈夫なものを選びます。玄関内の床を墨モルタルにすると、ぐっと日本的な感じが出て印象がよくなります。

そのほか、玄関内にアクセントで石を敷いたりするのも、雰囲気が良くなるためおすすめです。

また、日本を代表するイメージの一つとして、「庭」も見逃せません。全国各地にある庭園のなかには観光スポットであるところも少なくありません。昔ながらのデザインはもちろん、少し洋風にアレンジしてみても面白いでしょう。中庭などにしてお風呂から庭を眺めることができる旅館アパートも人気があります。

旅館アパート　誘導灯・帳場（フロント）

旅館アパートは、旅館業の簡易宿所営業の許可を取得します。そのためには消防署・保健所からの検査を受ける必要があります。満たすべき規定はいくつかありますが、とくに大切なものとして避難路の確保があげられます。この避難路を指し示す「誘導灯」も必須設備です。

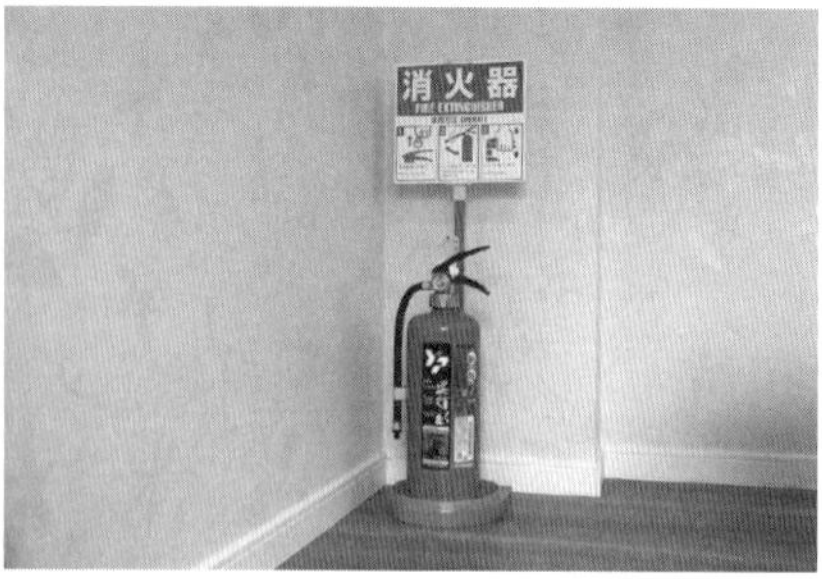

なお、消火器は建物の延べ面積が150平米未満の場合は不要（地階、無窓階の場合50平米未満）で、自動火災報知設備も、建物の延べ面積が300平米未満の場合は居室部分のみに設置すれば問題ありません。ただし、火

気使用室には設置が必要です。

　また、法令上では帳場（帳付けや勘定をするカウンター）の設置等が義務付けられていませんが、各自治体によって設置が義務付けられることがあります。高さ等の規定も異なりますので確認します。そのほか宿泊者名簿を備える必要があります。

旅館アパート　居室

リビングは、ゆったりとしたつくりで広めのほうが外国人に好まれます。畳は好評で日本的な「ちゃぶ台＋座布団」といった組み合わせも喜ばれますが、日本人と違って床に座ることは少ないため、椅子とテーブルはあった方がいいでしょう。

また、飾り物として日本人的な置物や壁飾りを使って、華やかな印象を演出します。100円ショップで売っているグッズを組み合せて、低コストでコストをおさえながら雰囲気を出すことも大切です。

寝具ですが、畳に布団を敷いて寝る・・・ということに憧れる外国人旅行客がほとんどです。また、布団は畳めますので、少人数からグループまで対応できるのが良いところです。

注意点としてはお布団をしまう押し入れになるような収納があると良いでしょう。

また、ベットに慣れている外国の方のためにマットレスは厚めのものを選びます。

旅館アパート　キッチン

ファミリーにとってキッチンは魅力です。たとえ料理をしなくても、買ってきた飲み物を冷やす冷蔵後、お弁当を温める電子レンジはあった方がよいでしょう。

生活に不備が生じないことはもちろん、ホテルに近づけるイメージを持って＋αの製品があることが重要です。また、コンロ、レンジ、トースター、電子ケトルなどの電化製品、フライパン、鍋、菜箸などの調理器具を置いてあげると、なお喜ばれます。加えてそれらの使い方などを英語でわかりやすく説明します。

キッチンはお部屋の中でも特に汚れやすい場所です。オーブンや冷蔵庫、電子レンジは高価なものでもなくてもよいので清潔を心がけます。また火事に対してのリスクヘッジとして、ガスではなくてＩＨのコンロを設置します。

SHARP

旅館アパート　トイレ・バスルーム・洗面室

トイレについては日本人同様、洗面台と一体型ではない独立型が好まれます。ウォシュレットはとても喜ばれるものの一つなので必須です。

壁紙などは汚れが目立たない、かつ清潔感のあるものを選びます。

なお、一室あたりのトイレの数は、地域と宿泊可能人数によって規定が異なります。例えば、東京であればワンフロアに2つは必要ですが、京都の場合は9・5畳までであれば、トイレは1つでも大丈夫です。

旅館アパートでは簡易宿所では、基本的にはバスルームが必須です。旅館業法施行令では「当該施設に近接して公衆浴場がある等入浴に支障をきたさないと認められる場合を除き、宿泊者の需要を満たすことができる規模の入浴設備を有すること」とあります。

なお浴槽が必要か否か、個数については特に規定はありません。

洗面室は清潔感を重視して、洗面ボールは使いやすいように大きめにします。デザインはホテルのようなスタイリッシュなものを選んでいます。

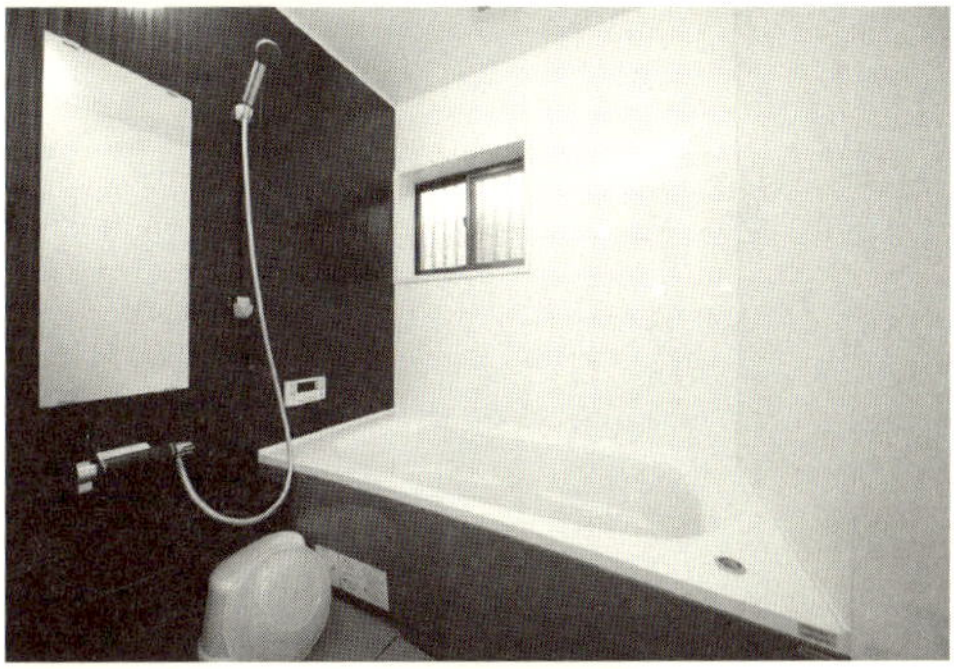

旅館アパート　リネン・アメニティ・その他備品

部屋にはホテルと同様にリネン類やアメニティを用意します。

リネンは高級感よりも清潔感を重視します。ふかふかの厚手タオルは乾きにくく、湿気が残るとにおいがしたり、カビになったりします。ですから、タオルはできるだけ薄手のものを選びましょう。色はカラータオルの方が、汚れが目立ちにくいです。

ベッドシーツ、枕カバーなどリネンの洗濯は、プロに依頼した方が圧倒的にラクに済みます。

歯ブラシ、ヘアキャップ、ヘアブラシ、コームなどのアメニティですが、なるべく種類を置いたほうが宿泊客に喜ばれます。

こういったアメニティの値段について気になる人もいると思いますが、業務用であれば1個あたり数十円なので、業務用を用意すればコストを下げることができます。

その他の備品として、懐中電灯、傘、ハンガー、救急セットなどがあると宿泊満足度が高くなるのでおすすめです。

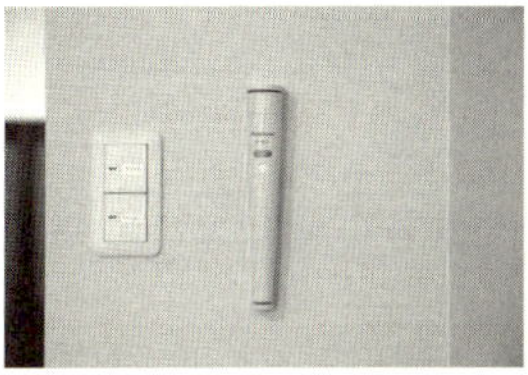

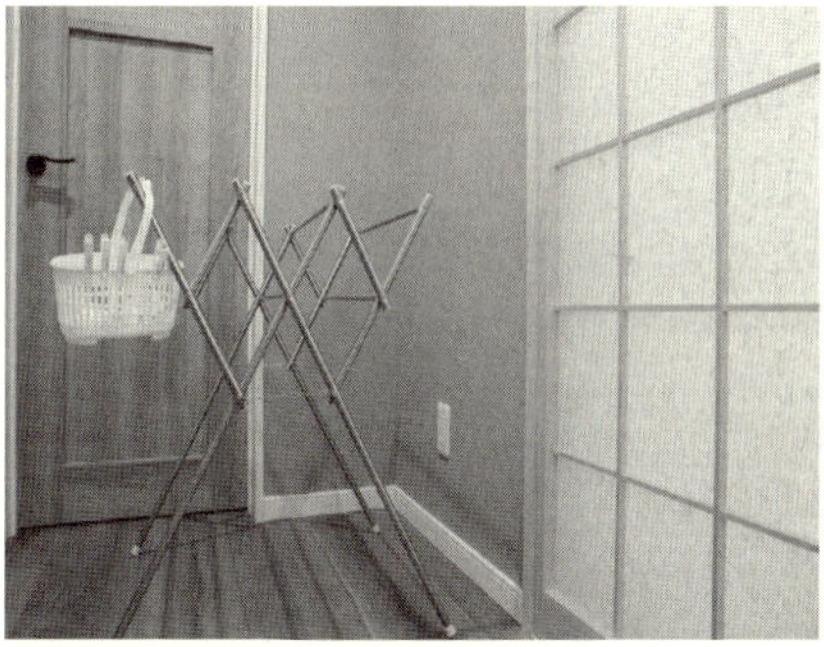

賃貸併用住宅

賃貸併用住宅は基本的に吹き抜け型アパートをアレンジしたプランニングです。

ブランド駅から徒歩10分内に建築することを推奨しており、そこの住まうオーナーさんにとっても入居さんにとっても、快適で便利な暮らしを提供しています。

3章でも触れましたが、賃貸併用住宅では住宅ローンを使用できますから、少ない自己資金での新築が可能ですし、なにより賃貸部分の家賃収入をローンの返済にあてることができるというメリットがあります。

ローンや自己資金などの条件にもよりますが、毎月の居住費が格安になり、これから物件を増やしていきたい人であれば、その浮いたお金を貯金して次の資金にすることもできます。もしくは堅実派の方であれば、繰り上げ返済を進めて、定年退職する前にローンを完済してしまってもいいでしょう。

自己資金がまだ貯まりきっていない方や、不動産投資が初めての方におすすめです。

賃貸併用住宅　外観

このようにアプローチは共有になりますが、入口の部分はちょっとした塀で区切るなど工夫をしています。

駐車場を希望のオーナーさんもいらっしゃいますが、土地形状や賃貸部分の戸数による駐輪場の必要性などもあり、ケースバイケースで検討します。

賃貸併用住宅　リビング

高さが3・75メートルから4メートルの快適空間は吹き抜け型アパートと共通です。1階にも2階にも広めのロフトが付きます。

プランは広めの2世帯（1戸がマイホーム、1戸が賃貸）、もしくは1戸だけ広い3世帯（広い1戸がマイホーム、2戸が賃貸）をおすすめしています。

もちろん、土地によってはもっと戸数をとることができますし、マイホーム部分も大きくとれますが、人気の街では広い土地が出にくいのも実情です。

また、閑静な住宅地において大型アパートを建築するのは、近隣にお住まいの皆さんとの調整に苦労する場合もあります。「自分が住まう」ということを考えると、ご近所とは仲良くしたいものです。

賃貸併用住宅　水回り

水回りも基本的には吹き抜け型アパートと同様の仕様になります。賃貸の部分はなるべく多くの入居者さんに好まれるようなナチュラルな色合いや素材を使います。

オーナーさんのマイホーム部分に関しては、おもに奥様の好みで色や柄を選ばれることが多いです。イメージがかたまっていないオーナーさんへは、女性デザイナーからの提案も行っています。

シェアハウス

シェアハウスは普通のアパート以上に立地が命です。他物件と差をつけるためにも、ブランド立地から徒歩5分に新築されることをおすすめします。

土地の広さにもよりますが、7人から18人入居のプランで、入居ターゲットは20代から30代の女性を限定しています。

白岩流のシェアハウスの大きな特徴は、すべて違うコンセプトということです。建物の仕様は共通ですが、同じようなテイストはひとつたりともありません。「個性的であること」それは大きな魅力になります。

とはいえ、デザイン性だけに走ることはなく、もっとも注視しているのは「住み心地のよさ」です。家に帰ってホッとくつろぎたい、それは当然なことです。便利な立地と質の良い建物＝ハード、細やかな設備や管理＝ソフトの両立を実現させました。それはしっかりと数字にも表れています。

なにしろ内見時の成約率は60パーセント超え、つまり3人に2人近くが契約するのです。「賃貸不動産でありえない数字です！」と、お世話になっているシェアハウス専門ポータルサイトの社長が驚いていました。

入居者さんのことをしっかり考えてつくれば、必ず結果に結びつくのだと思います。

シェアハウス　リビング・ダイニング・キッチン

吹き抜け型アパートと賃貸併用住宅はタテの空間の使い方を大事にしますが、シェアハウスは横の広がり、リビングの広さを重視します。

入居者数にもよるので一概には決められませんが、基本的に10畳以上をおすすめしています。なおシステムキッチンは一流メーカーでＩＨクッキングヒーターです。

インテリアのイメージは、コンセプトに基づいています。「アジア風」「北欧風」「和モダン」「南欧風」と、外観からリビングまで統一したテイストでつくりあげています。

もちろんオシャレであるだけでなく、実用面もしっかりと押さえています。

シェアハウス　居室

すべての居室にはベッド、作り付けのテーブル、テレビ、収納、エアコンが備えられています。
電話回線はリビングにありますが、インターネット回線はどの部屋でも使うことができます。

シェアハウス　キッチン

シェアハウスへ入居者される女性は、トランクひとつで引っ越してきます。そのため、入居当日から生活ができるよう、家具や家電そして食器など一通りを用意する必要があります。こういった小物については通常のシェアハウスでは、自主管理の場合オーナーさんが手配するものです。

実際に毎日使うものはデザイン性でなく実用的であること、それからコストがかかりすぎないものをセレクトしたら良いかと思います。

また電球やトイレットペーパーなど消耗品の補充も本来はオーナーが管理するものになりますが、こういった細々とした管理運営は、清掃と共に管理会社に委託することができます。

シェアハウス　バスルーム

集団生活で一番ストレスに感じるのは、水回りの共有だそうです。そのため最低でも5室に対して1つの水回りを必ず設置します。

バスルーム、洗面所、トイレに関してはしっかり数を確保するとともに、週に1〜2度の清掃と消耗品補充を行い清潔に保ちます。

お金をいただいて入居してもらっているのですから、当番制などといって入居者を小間使いのように扱うことはありません。

立地の魅力、しっかりした建物にくわえて、細やかな維持管理にも暮らしやすさの秘密があります。

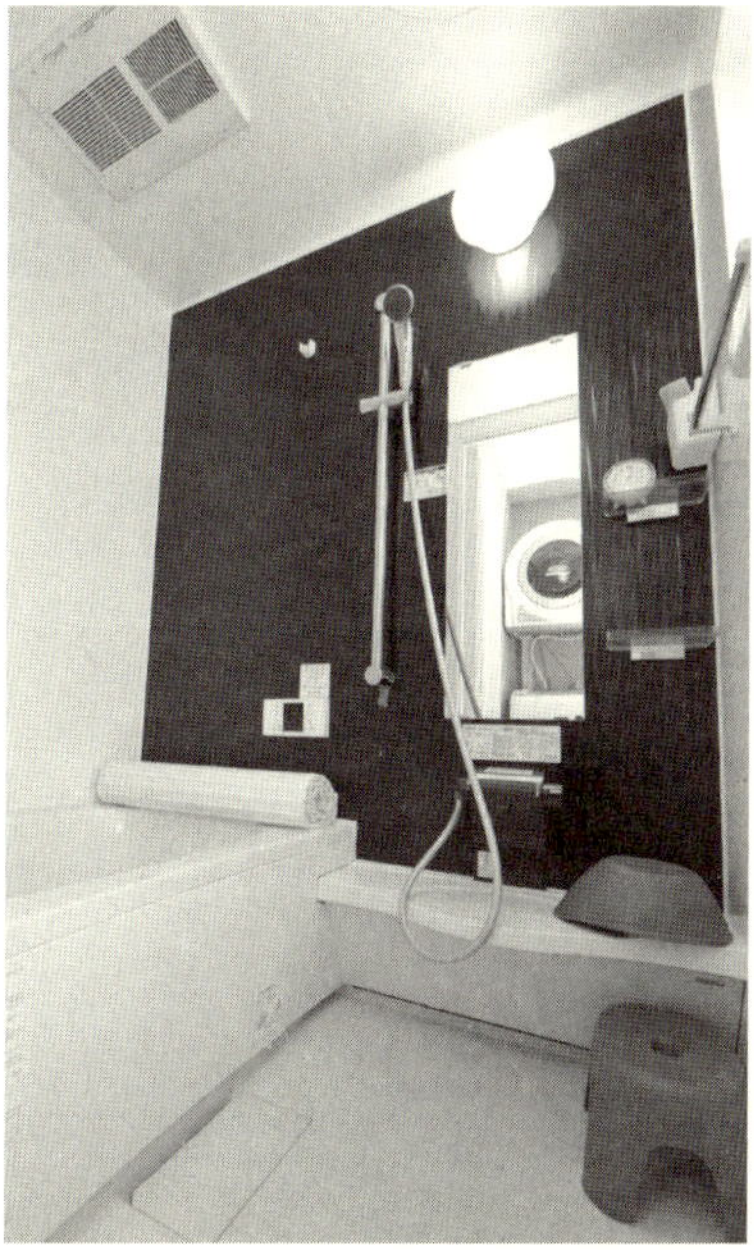

コラム

行っておきたい第三者機関による検査

独立系の第三者住宅検査会社によるインスペクション（住宅検査）を実施ししています。法律で義務付けられたものではなく、建築基準法等は別の独自の基準を設けて、一級建築士、二級建築士など有資格者による検査です。

というのも、いくらしっかりした建物をプランニングしても、その設計図通りに施工されなければ意味がないからです。家づくりにはたくさんの業者さんが関わります。たしかな腕を持つ信用できる業者さんに依頼したとしても、ちょっとした施工ミスやトラブルは少なからず起こりうるものです。

検査機関では基礎配筋工事から、完成後の引き渡し前の完了検査まで、6回の検査を行います。そこで不具合が見つかれば写真をとって報告、修正された後もしっかりと確認してこれも写真付で報告されます。

検査の逐一はインターネット上でチェックできますし、完成後はすべての写真と報告を一冊に製本してもらうことができます。

このサービスは遠方に住まうオーナーさんや多忙なサラリーマン大家さんからも喜ばれています。なにより安心安全な建物をしっかりつくりあげることができます。

ホームリサーチ／セレクト検査詳細

回数	検査名称	おもな検査内容
第1回	基礎配筋工事検査	基礎配筋施工状態の確認
第2回	基礎出来型・土台伏せ工事検査	ホールダウン金物およびアンカーボルトの位置・本数の確認・土台施工状態、基礎仕上げ状況の確認
第3回	屋根下地検査	屋根下地の施工状況（雨漏りの原因となる瑕疵の有無）の確認
第4回	構造金物検査	建て起こし確認、耐力壁位置・金物位置・金物施工状況の確認
第5回	外壁防水シート・断熱材施工検査	防水シートの施工状況の確認、ベランダ止水収まりの確認、断熱材施工状況の確認
第6回	完了検査	建具開閉不具合、内装仕上げの傷・凹みの確認

おわりに

最後にお伝えしておきたいことがあります。

それは「手遅れになってから相談に来てもどうにもならない」という事実です。

「手遅れ」というのは、あなたの年齢的なこともありますし、物件の経営状況にもあります。私も魔法が使えるわけではないので、「手遅れ」の方からご相談をいただいても、何もできずに心苦しい思いをすることがあります。

ですから、すでにアパート投資をスタートされていて「もしや、失敗してしまったのかも・・・」そう感じていたら、今すぐに行動を起すべきです。

最近の事例をあげると、東北の被災エリアに物件を所有されていた大家さんは、私のアドバイスを受けて、所有物件3棟をきれいさっぱり売却してしまいました。

東電からの補償が今年の3月に打ち切られたこともあり、その地での賃貸経営に潮目の変化を感じていたといいます。気がつけば、周りには補償金をあてにしたハウスメーカーの新築アパートが雨後の筍のように建ち並び、そして空室も目立つようになっていたそうです。

彼の物件は毎月250万円のキャッシュフローを産んでいましたが、変化に気がついて売却を決断したのです。

売ったお金で彼が何を買ったのかといえば、スカイツリーを望む好立地に建つ、上下2戸の旅館アパートでした。

もう1人はIT企業に勤める30代の男性です。私と会ったときは、北関東に大型RC物件を2棟所有していました。

私は彼に、「あなたは今はまだ若いけれど、これから60歳、70歳になったときのことを考えていますか?」と聞くと、彼もすぐに物件を売却して、新宿エリアに3階建ての旅館アパートを企画しています。

これまでに様々な投資家を見てきましたが、「田舎でも立地が良ければ大丈夫だろう」という甘い見通しの方が多いとつくづく感じます。

加えていえば、最近、交流会やパーティーで知り合う投資家さんは、キャピタル思考の人が増えているのが気になります。なぜか今の環境がこの先もずっと続くと信じきっているようで「いつでも物件が売れる！」と勘違いしているのです。

つまり、買う人が誰もいなくて、売りたい人だらけの市場を想像できていないのです。そこを簡単に考えてしまい「そのときがきたら売りますから！」と楽観視しています。

たとえば新築アパートの激戦区として有名な横浜です。

マイナーな私鉄沿線の新築を買った人たちは、一様に10年程度で売却するつもりでいます。

まずは築10年を経っている物件の家賃をネットで調べてみてください。そして、10年後はそれ以下の家賃でなければ埋まらなくなります。そのときに希望の価格で果たして売れるものでしょうか。


あなたにとって、本当にふさわしい投資とはどんなものなのか。

一口に新築投資といえども、手法はいろいろありますので冷静に見極めてください。

不定期ですが実践会を開催しているので、ご興味あればぜひ一度尋ねてみてください。

私、白岩貢が得意とする吹き抜け型アパート、旅館アパート、賃貸併用アパートについて、何らかの気づきが得られるはずです。もちろん、個別のご相談についても極力対応していきます。

1人でも不動産投資で苦労される方が減ることを祈って、時間の許す限りお手伝いさせていただきます。

最後に読者の皆さんの10年後、20年後、そして30年後のアパート投資が、成功することを心から願っています。

2017年10月吉日

白岩 貢

著者略歴

白岩 貢（しらいわ みつぐ）

1959年、世田谷で工務店経営者の次男として生まれる。

世田谷にて珈琲専門店を経営していたが、株式投資の信用取引に手を出してバブル崩壊と共に人生も崩壊。夜逃げ、離婚、自己破産を経てタクシー運転手になり、その後、土地の相続を受けて本格的にアパート経営に乗り出す。

60室の大家でありながら本業の傍ら不動産投資アドバイザーとして、その時代に合ったアパートづくりを累計350棟サポートしている。現在は、東京・京都を中心に日本のブランド立地で徹底して建物にこだわった「旅館アパート」を展開中。

著作に「アパート投資の王道」（ダイヤモンド社）、「親の家で金持ちになる方法」（アスペクト）、「新築利回り10%以上、中古物件から月50万円の「旅館アパート」投資！」「親のボロ家から笑顔の家賃収入を得る方法」（共にごま書房新社）ほか、計11冊執筆。

■著者HP　http://shiraiwamitsugu.com/
■著者ブログ　http://blog.livedoor.jp/mitsugu217/

新版 新築アパート投資の原点

著　者	白岩 貢
発行者	池田 雅行
発行所	株式会社 ごま書房新社 〒101-0031 東京都千代田区東神田1-5-5 マルキビル7階 TEL 03-3865-8641（代） FAX 03-3865-8643
カバーデザイン	堀川 もと恵（@magimo創作所）
編集協力	布施 ゆき
印刷・製本	倉敷印刷株式会社

ISBN978-4-341-08684-8 C0034